QUIROMANCIA

Amat
editorial

Amat Editorial, sello editorial especializado en la publicación de temas que ayudan a que tu vida sea cada día mejor. Con más de 400 títulos en catálogo, ofrece respuestas y soluciones en las temáticas:

- Educación y familia.
- Alimentación y nutrición.
- Salud y bienestar.
- Desarrollo y superación personal.
- Amor y pareja.
- Deporte, fitness y tiempo libre.
- Mente, cuerpo y espíritu.

E-books:
Todos los títulos disponibles en formato digital están en todas las plataformas del mundo de distribución de e-books.

Manténgase informado:
Únase al grupo de personas interesadas en recibir, de forma totalmente gratuita, información periódica, newsletters de nuestras publicaciones y novedades a través del QR:

Dónde seguirnos:

 | @amateditorial

   | Amat Editorial

Nuestro servicio de atención al cliente:
Teléfono: **+34 934 109 793**
E-mail: **info@profiteditorial.com**

Lori Reid

QUIROMANCIA

EL ARTE DE LEER LAS MANOS

La edición original de esta obra ha sido publicada en lengua inglesa por Judy Piat-
kus (Publishers) Limited, de Londres, bajo el título *Palmistry in the 21st century,*
de Lori Reid.

© Lori Reid, 2000
© Profit Editorial I., S.L., 2024
   Amat Editorial es un sello de Profit Editorial I., S.L.
   Travessera de Gràcia, 18-20, 6º 2ª. 08021 Barcelona

Diseño de cubierta: XicArt
Maquetación: www.eximpre.com
Traducción: Carlos Ganzinelli

ISBN: 978-84-19870-70-4
Dipósito Legal: B 14427-2024
Primera edición: Septiembre de 2011
Segunda edición: Octubre de 2024

Impresión: Gráficas Rey
Impreso en España / *Printed in Spain*

*Para Pat Richardson
llena de virtudes, creativa, fuente de inspiración
y amiga verdadera, con cariño.*

Índice

Introducción

SUS MANOS SON SORPRENDENTES. Si son largas y elegantes, nudosas y arrugadas, negras, blancas o amarillas, sus manos son hermosasy también son las herramientas más exquisitas que usted posee. Párese un momento a pensar todo lo que hace con manos y dedos cada día: contar monedas, abrochar botones, escribir con un bolígrafo, usar herramientas, hacer funcionar maquinaria, teclear, acicalarse, preparar alimentos, destapar botellas, enhebrar una aguja. Éstas son sólo algunas de las cientos de acciones que podemos realizar sin pensar siquiera en nuestras manos. Trate de imaginar ahora cómo realizaría esas tareas si no tuviera manos.

Es debido a la alineación de nuestros dedos con un pulgar flexible y opuesto por lo que podemos sostener, llevar y agarrar objetos aplicando distintos grados de presión, así como realizar manipulaciones infinitamente complejas, intrincadas y diminutas. De hecho, nuestros pulgares son una obra de ingeniería que no tiene rival en ninguna otra especie.

La capacidad de agarrar un objeto es sólo un aspecto de estas brillantes herramientas multifuncionales nuestras. El sentido del tacto es especialmente agudo en nuestras manos debido a que tenemos más receptores sensores concentrados en la punta de un dedo que en todo el brazo.

Así que, habiendo considerado las acciones que realiza con sus manos, piense ahora en el placer sensual que consigue con el tacto: la seductora sensación de la seda, tal vez, o la fresca sensación del agua escurriéndose entre los dedos, el frescor del mármol pulido, o la emoción de la piel de un amante.

Un uso diferente de las manos lo tenemos en la comunicación. Hacemos gestos, señalamos, enfatizamos lo que decimos con las manos, destacamos lo que queremos decir e indicamos nuestras intenciones a través de movimientos definidos y reconocidos. De hecho, nuestras manos son una parte muy importante de nuestro lenguaje corporal.

Y del mismo modo que hablamos con las manos, si sabemos interpretar las señales nuestras manos pueden hablarnos a nosotros. La forma de la palma de la mano, la formación de los dedos, las marcas de la piel y las rayas, todos estos elementos tienen una historia que contar que, cuando se descodifica, nos proporciona datos sorprendentes de nuestro carácter y personalidad, nuestras emociones, impulsos y deseos subconcientes, caminos profesionales e incluso nuestra predisposición a las enfermedades.

Descodificar el significado de nuestras manos es precisamente lo que la quiromancia nos ayuda a conseguir.

El mapa de la vida

Cuando nos miramos las manos, en esencia estamos mirando nuestro mapa genético, o si preferimos, nuesto ADN en forma gráfica. Aunque cada mano es exclusiva y diferente (ni siquiera nuestra mano derecha es exactamente igual a la izquierda), heredamos la forma y las marcas de las manos del mismo modo que heredamos la forma de la nariz o el color del pelo.

Las marcas de las manos se forman alrededor del tercer mes de nuestro desarrollo fetal. Los patrones de cualquier anormalidad congénita transmitida durante el embarazo de nuestra madre también quedan estampados en esas marcas. Los bebés afectados por el Síndrome de Down, por ejemplo, o aquellos cuyas madres contraen un virus tan agudo como el de la rubeola, nacen con modelos anormales característicos en las líneas palmares y huellas dactilares.

La investigación científica está empezando a demostrar que el entorno hormonal del útero determina la forma y las marcas de las manos, pero sigue sin saberse con precisión *por qué* la mano refleja nuestra herencia genética mejor que ninguna otra parte de nuestra anatomía. Pero tal vez el hecho de que las palmas de las manos contienen un gran número de terminales nerviosas (muchas más que cualquier otra parte del cuerpo, con excepción de las plantas de los pies) las convierte en un registro ideal de impulsos nerviosos o mensajes químicos. Y hay estudios científicos que nos dicen que se dedica una proporción mayor de nuestro cerebro a las manos que a otras partes de nuestro cuerpo.

Pero aunque todavía no tengamos una explicación científica precisa de cómo o por qué la quiromancia funciona, en los miles de años que las manos han sido objeto de estudio hemos llegado a darnos cuenta que nuestras manos se corresponden con nuestros caracteres y que las rayas de la palma de la mano registran hechos sucedidos en nuestra vida. Además, pueden indicar las tendencias e influencias que nos pueden afectar en los años venideros.

Futuro imperfecto

Todos sabemos que nuestras huellas dactilares no cambian nunca, aparte de hacerse más grandes junto con el resto de nuestro cuerpo a medida que crecemos y nos convertimos en adultos. Las rayas de la mano, sin embargo, pueden cambiar y, de hecho, cambian. Las marcas que tenemos en las manos no son indicadores absolutos de hechos irrevocables; sólo sugieren lo que *podría* pasar, lo que *pasará*.

Teniendo esto presente, podemos ver que un buen análisis de nuestras manos nos puede hacer conscientes de lo que puede suceder en el futuro. Estar avisado de antemano de un problema potencial significa que podemos tomar medidas preventivas y con suerte evitarlo. Del mismo modo, saber que nos esperan hechos favorables nos prepara para aprovechar las oportunidades que vendrán y asegurarnos de que no las dejamos escapar.

En esencia, si comprendemos las marcas de nuestras manos, podemos tomar el control de nuestra vida y elegir nuestro destino.

Mano derecha, mano izquierda

Una de las primeras preguntas que las personas hacen cuando comienzan a interesarse por la quiromancia es qué mano deben leer, la derecha o la izquierda. La respuesta es: ambas. De todos modos, cada una de ellas proporciona una información ligeramente diferente.

Si usted es diestro, su mano derecha o dominante, revela su persona pública, es decir, cómo le ve a usted el mundo exterior. Las marcas de esta mano representan su yo adulto, el desarrollo de los talentos con los que nació y el uso que usted hace de sus habilidades. Esta mano también es un mapa de posible hechos futuros.

Su mano izquierda o pasiva, revela su yo íntimo y privado: reacciones instintivas, aptitud natural, habilidades potenciales y cómo se ve a sí mismo. Esta mano representa el lado más profundo e inconsciente de su naturaleza.

Si usted es zurdo, simplemente aplique la regla a la inversa. Por cierto, alrededor del 13 por ciento de la población nace zurda y si usted es una de estas personas, tendrá la buena compañía de Leonardo da Vinci, Paul McCartney, Charlie Chaplin, Cole Porter, Horatio Nelson y Harpo Marx, que son sólo algunos zurdos que han destacado por su grandeza.

Cada una de las manos está vinculada con un hemisferio diferente del cerebro. En una persona diestra, la mano dominante está ligada al lado izquierdo del cerebro, y la mano izquierda está gobernada por el hemisferio derecho. En esencia, las señales que van del cerebro a la mano se cruzan al pasar al cuerpo. La investigación psicológica ha demostrado que cada hemisferio está relacionado con diferentes funciones: el izquierdo con los procesos centrales de lógica, razonamiento y matemáticas, que pasa las señales a la mano derecha, mientras que el hemisferio derecho está relacionado con nuestras capacidades más intuitivas y talentos artísticos, que pasa las instrucciones hacia la mano izquierda. Para las personas zurdas, las funciones y señales se invierten. Estos estudios confirman lo que los quirománticos saben desde hace miles de años: que cada mano representa un lado distinto de la vida de una persona y que hace falta examinar las dos manos para tener una idea completa.

Recuerde, no hay dos manos que sean exactamente iguales. Si usted estudia sus manos con detenimiento, probablemente notará varias diferencias entre la derecha y la izquierda. Tal vez una línea sea más larga en una mano, o un pulgar sea más delgado que el otro, o las huellas dactilares presenten patrones marcadamente diferentes.

Esto quiere decir que hay que esperar que haya pequeñas diferencias. Las discrepancias más grandes, sin embargo, son otra historia y proporcionan una información interesante sobre la capacidad de la persona de equilibrar los procesos racionales con el talento creativo. Lo que hacen las diferencias significativas es revelar un desajuste entre la imagen propia de esa persona y la que presenta a los ojos del mundo exterior.

Por ejemplo, un pulgar fuerte en una mano y un pulgar débil en la otra puede revelar una naturaleza tiránica enmascarada por un exterior encantador y afable. O una línea del corazón corta y curvada en la mano izquierda de una mujer, emparejada con una línea recta en la mano derecha puede sugerir que en el fondo, se trata de una mujer tierna y romántica que sueña con ser raptada por un hermoso héroe. Pero lo que ella presenta es una imagen de autoconfianza y super eficiencia que ahuyenta a todos los candidatos potenciales. La identificación de este tipo de disparidad puede explicar a menudo por qué se producen malos entendidos en una relación, o por qué los hechos nunca cumplen con nuestras expectativas.

Nuestras manos, entonces, son como libros abiertos que contienen una fuente rica de información sobre nosotros mismos, sobre nuestro potencial mental, nuestra salud, nuestras emociones, necesidades e impulsos. Es en este nivel de análisis cuando podemos comenzar a apreciar la profundidad y complejidad de este fascinante estudio y descubrir que cuanto más ahondemos en la observación de las marcas de las manos, más sabremos sobre nosotros mismos y lo que realmente nos conmueve.

Todo lo que tenemos que hacer es saber cómo leer las señales.

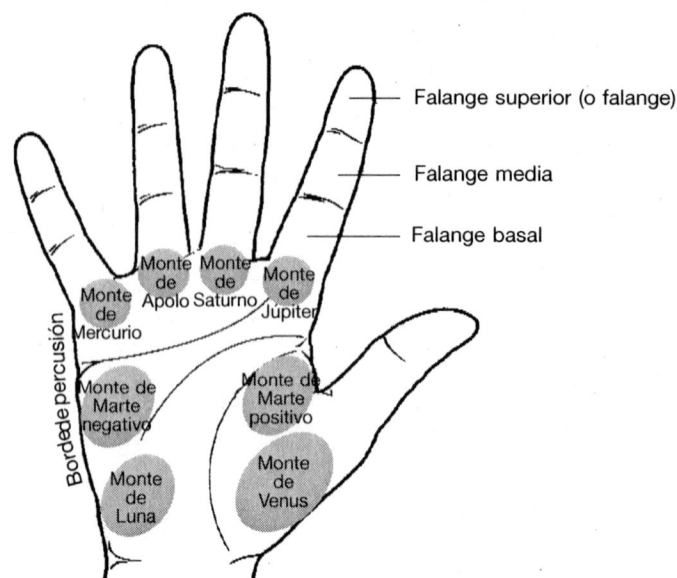

La palma de la mano está dividida en áreas o zonas. Debido a que muchas de éstas son elevadas o acolchadas, se les conoce como «montes». Los dedos están compuestos de tres secciones que se llaman falanges.

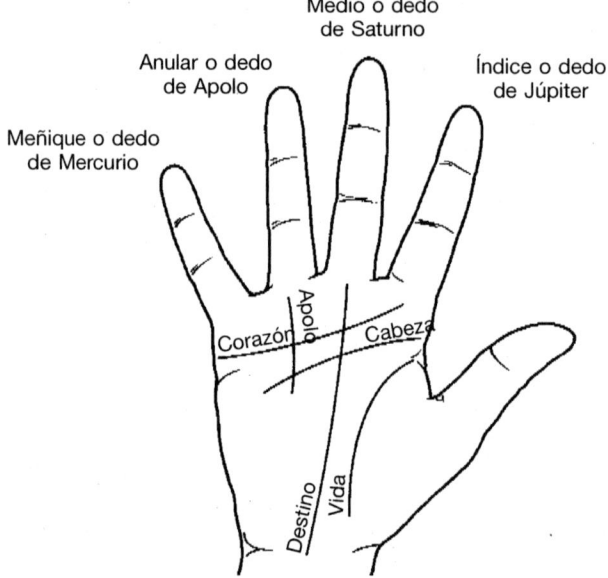

Las cinco marcas más importantes de la palma de la mano se conocen como línea de la vida, línea de la cabeza, línea del corazón, línea del destino y línea de Apolo. Tradicionalmente, los dedos reciben el nombre de dioses antiguos cuyas características describen el aspecto que cada dedo representa.

1

La psicología de la forma de nuestras manos

Si usted ha visto alguna vez atletas en acción, habrá notado que tanto los hombres como las mujeres que participan en estos eventos generalmente tienen cuerpos y complexiones parecidas. Parece obvio que alguien que participe en salto de altura o salto de longitud, por ejemplo, se beneficiará si tiene piernas largas. Del mismo modo, también habrá notado que los atletas que corren distancias largas tienden a ser delgados y fibrosos, en marcado contraste con los corredores de cien metros libres, que tienen un desarrollo corporal más robusto.

Por supuesto que hay excepciones a la regla, y está claro que si nos lo proponemos, podemos alterar aspectos de nuestra forma corporal mediante dietas y ejercicios físicos, pero en general, parece ser cierto que el cuerpo debe acompañar a la actividad, al menos en los deportes.

A juzgar por la quiromancia, esto también se aplica en un contexto mucho más amplio. Del mismo modo que los atletas tienen un cuerpo especial para este o aquel deporte, cada uno de nosotros llega al mundo acompañado de un montón de características, talentos y habilidades específicas que nos equipan para un particular estilo de vida, una profesión o un camino vital. Seguir este camino dependerá mucho, en primer lugar, de reconocer nuestros dones, y en segundo lugar, de las oportunidades que tengamos para desarrollar nuestros talentos y dirigirlos en direcciones que nos den verdaderas satisfacciones.

Podemos ver estas características de manera bastante clara en nuestras manos, no sólo en las rayas y en la marcas, sino también en la *forma* de las manos. En líneas generales, hay cuatro categorías de forma de las manos y aquella a la que usted corresponda definirá sus características fundamentales y propensiones básicas en la vida. La forma de su mano se considera el elemento fundamental cuando se trata de definir el perfil de su personalidad. Sólo cuando se ha determinado la forma se pueden comenzar a perfilar todos los detalles que hacen de usted la persona única que es. Así que si necesita saber alguna cosa de su vida, ya sea en relación a su comportamiento, trabajo, salud, emociones o lo que sea, la forma de su mano será el primer indicador.

Formas de manos

Hay cuatro categorías básicas de formas de manos: Tierra, Aire, Fuego y Agua (Figura 1). Seguramente podrá identificar su mano con una de estas formas, pero recuerde que estos son tipos «puros», así que no espere una coincidencia completa. Siga las descripciones y decida cuál se ajusta más a su mano.

Guías para ayudarle a encontrar la forma de su mano

1. La palma de la mano es cuadrada o rectangular. El largo de la palma se mide desde la unión del dedo medio con la palma misma hasta el pliegue de la piel donde la palma se junta con la muñeca. Las formas cuadradas son aproximadamente iguales en ancho y largo, tomando el ancho por el centro de la palma. Las palmas rectangulares son bastante más largas que anchas.

2. Los dedos son largos o cortos. El largo de los dedos se mide comparando el dedo medio con el largo de la palma. Mida el dedo medio desde la punta hasta la línea que separa la base del dedo de la palma y compare este medida con la palma de la mano. Si el dedo es bastante más corto que el largo de la palma, los dedos se consideran cortos. Si el dedo medio es casi tan largo como la palma, o incluso más, los dedos se consideran largos. (Ver capítulo 3 para tener instrucciones más detalladas.)

Para conseguir resultados realmente exactos, las mediciones deben hacerse sobre una impresión palmar (ver páginas 141-143 para saber cómo se toman huellas palmares). Pero también puede hacerse una

Palma cuadrada + dedos cortos forman la
Mano de Tierra

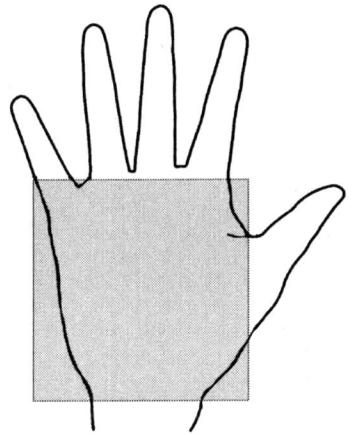

Palma cuadrada + dedos largos forman la
Mano de Aire

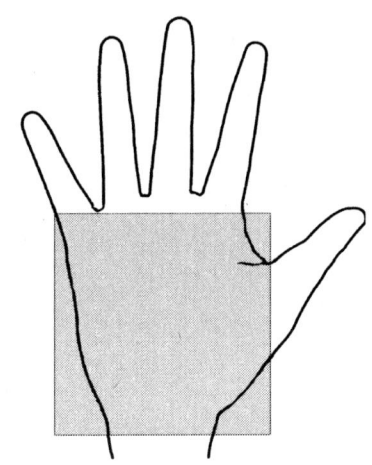

Palma rectangular + dedos cortos forman la
Mano de Fuego

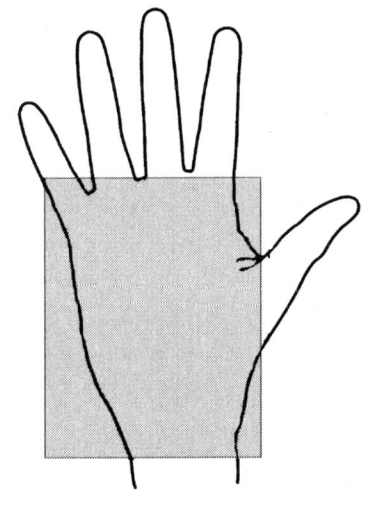

Palma rectangular + dedos largos forman la
Mano de Agua

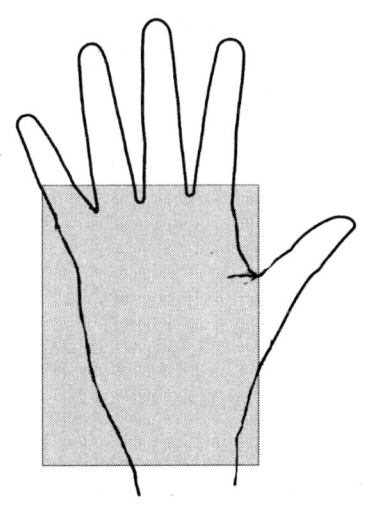

Figura 1

idea bastante clara simplemente colocando el dedo medio de su mano izquierda contra la palma de la mano derecha. La punta del dedo medio izquierdo debe coincidir con el pliegue que marca la unión del dedo medio derecho con la palma de la mano. Con todos los dedos abiertos y estirados, fíjese en el lugar de su palma derecha donde acaba el dedo medio izquierdo y esto le demostrará si sus dedos son largos o cortos.

3. Las dos variables (palmas cuadradas y rectangulares, dedos largos y cortos) se combinan entre sí para producir las cuatro categorías.

Una vez establecida la forma de la mano, lea lo que dice sobre su disposición básica, sus talentos y capacidades. En términos generales, la forma de su mano puede incluso sugerir el tipo de ocupación para la que está dotado y la clase de trabajo que le proporcionará satisfacción en la vida. También aporta algunas pistas claras sobre el tipo de energía que posee, la clase de vida que tiende a llevar y la especie de amante que probablemente será, hasta incluso aquellos aspectos de la salud que pueden afectar su vida.

La mano de Tierra

Como su nombre implica, tener este tipo de mano significa ser práctico y realista, tocar de pies en el suelo. También significa ser muy trabajador y sensato y afrontar la vida de manera seria y directa. De las cuatro categorías, ésta pertenece a algunas de las personas más trabajadoras que uno pueda conocer, personas que destacan en cuestiones prácticas y tareas que requieren manos habilidosas y dedos diestros.

Las personas que tienen manos de Tierra normalmente disfrutan estando al aire libre, así que un trabajo que les permita no estar encerrados e ir de un lado para otro a menudo resulta ideal. La agricultura, la horticultura o el trabajo con animales con frecuencia les atrae. También son adecuadas las carreras en las fuerzas militares o policiales, así como una profesión relacionada con el sistema legal. Los miembros de este grupo con mentalidad académica se sienten atraídos por cuestiones lógicas o analíticas. Las artesanías y en general todos los tipos de trabajos manuales aportan satisfacción personal.

Si usted tiene este tipo de mano, significa que es físicamente fuerte y robusto, que puede seguir haciendo cualquier actividad hasta mucho después que todos los demás. Le gusta ser útil y ayudar, y no le importa arremangarse y ponerse a trabajar, aunque se trate de una faena sucia. En realidad, ensuciarse las manos no le causa ninguna preocupación.

En casa o en el trabajo le gusta, y necesita, rutina y seguridad. Nada le molesta tanto como los hechos inesperados que le obligan a cambiar los planes a último momento. Usted es el tipo de persona que le gusta aplicarse a su trabajo con tenacidad y persistencia hasta alcanzar la meta fijada.

Desde el punto de vista de la salud, se preocupa en secreto y tiende a interiorizar sus ansiedades, y la tensión exacerba sus problemas. Mantener una rutina regular, un ritmo parejo, dormir mucho y seguir una dieta sana le harán mucho bien. Salir, dar largas caminatas y entrar en comunión con la naturaleza son excelentes maneras de eliminar la tensión, pero también necesita encontrar maneras de expresar sus sentimientos y temores, en lugar de guardárselos como tiene tendencia a hacer. Llevar un diario a menudo da sorprendentes resultados, y lo mismo sucede con los hobbies que requieren el uso de las manos, como la jardinería, la repostería o la escultura. Engordar es otro problema que tienen las personas de este grupo, por lo que un poco de ejercicio regular es aconsejable de por vida.

En cuestiones del corazón, las personas con la mano de Tierra son tradicionalistas y tienden a tener una visión bastante pragmática del amor y las relaciones. Son personas poco pretensiosas y directas, cuyo hogar es su castillo. Aunque no son las personas más románticas del mundo, pero una vez comprometidos se convierten en las compañeros más verdaderos, leales y fieles que alguien pueda desear tener.

La mano de Aire

Pertenecer a este grupo hace que usted sea una persona brillante y activa que necesita una amplia gama de intereses para mantenerse ocupada y estimulada en la vida. De las cuatro, usted es la más habladora, la más curiosa y la más inquisitiva, la persona que hace todas las preguntas y disfruta desmontando algo en sus partes integrantes para ver cómo vuelven a encajar. La comunicación es lo suyo, y con cuantas más personas pueda establecerla en el curso del día, mejor. En el trabajo y en la vida necesita actividad, movimiento. Le gusta tocar muchas teclas y participar en todo lo posible. Su umbral de aburrimiento es muy bajo y la rutina es lo que más le molesta. Su habilidad para recoger información y transmitirla es legendaria, pero esto puede ser a costa de la profundidad, así que su conocimiento puede ser amplio pero le puede faltar profundidad.

Las personas que tienen manos de aire destacan en la tecnología de la información. Las que tienen mentalidad empresarial son excelentes profesionales, mientras que las que tienen mentalidad académica tienen una mente inquisitiva y una especial predilección por aprender cosas nuevas. Se sienten especialmente atraídas por el mundo literario o por el trato con el público, así que con frecuencia se les encuentra en los medios de comunicación, en las editoriales o en el periodismo, en la radio o la televisión. Y como las comunicaciones son un negocio mundial, el sector viajes les atrae como un imán. Ventas, demostraciones, publicidad o relaciones públicas también les resultan actividades atrayentes.

Si la forma de su mano pertenece a esta categoría, nunca le faltarán intereses porque usted siempre se rodea de hobbies y cosas para hacer. Y al otro lado del teléfono siempre hay un amigo o conocido con quien charlar durante media hora o tres horas si hace falta. De hecho, las personas que pertenecen a este grupo invariablemente tienen agendas gordísimas que engrosan cada vez más con los contactos que hacen donde quiera que vayan.

Es flexible y adaptable, pero se aburre con facilidad y por eso necesita variedad y estimulación constantes. Esto es válido tanto para sus relaciones como para su trabajo, lo que tal vez explique la tendencia de las personas con manos de aire a casarse más de una vez. Como miembro de este grupo, usted tiende a no hacer grandes demostraciones de emoción. Su actitud con respecto al amor y el romance es más intelectual y racional. De hecho, disfruta tanto de una noche de conversación brillante en compañía de alguien estimulante como de una noche de pasión desenfrenada, algo que, por cierto, no es su estilo. Vivir con usted significa que nunca hay un momento de aburrimiento porque es ingenioso, divertido y buena compañía. Lo que necesita en una pareja es alguien que comparta sus intereses mentales, que sea tolerante y, lo más importante, que sea lo suficientemente listo como para mantenerle constantemente interesado.

Desde el punto de vista de la salud, pertenecer a este grupo significa que emocionalmente es estable, por lo que es poco probable que sea una persona malhumorada o depresiva. Pero su sistema nervioso puede ser delicado y tener tendencias a los dolores de cabeza y de garganta. También es posible que sufra de agotamiento mental más que otras personas. Para mantenerse en buena forma física y mental, para usted nada mejor que muchas actividades estimulantes, participar en juegos de equipo, salir, conocer gente y disfrutar de un buen chismorreo de vez en cuando.

La mano de Fuego

Poseer una mano de fuego significa que usted es una persona activa y enérgica a la que le gusta estar constantemente en movimiento. Tiende a ser una persona despreocupada, generosa e impulsiva, que se alimenta de energía de alto voltaje y vive la vida por el carril rápido. Es una persona cariñosa y amable, a la que le resulta fácil atraer a otras personas. La vida le excita y su naturaleza puede ser fiera. De las cuatro categorías, tiende a ser la extrovertida y no le importa jugarse el cuello o quedar como un tonto. Si atrae a la gente, lo pone a usted en candilejas o hace reír a los demás, a usted ya le está bien.

Debido a su capacidad para extender su entusiasmo e inspirar a otros, las personas que pertenecen a este grupo se sienten atraídas por una amplia variedad de ocupaciones de alto perfil, desde la enseñanza a las artes escénicas. Disfrutan especialmente entreteniendo a la gente, así que muchas de ellas se dedican al mundo del espectáculo. Un campo de deportes también les atrae, dado que allí pueden dar rienda suelta a su amor por la velocidad y la aventura. Pero sea cual sea su actividad, sus cualidades de liderazgo y su capacidad de hacerse cargo de las situaciones inevitablemente significa que las personas con manos de fuego están destinadas a llegar a lo más alto de cualquiera que sea su ocupación.

Si éste es su tipo de mano, a usted le resulta difícil dejar pasar un reto. Es justo decir que es un individuo dinámico con una naturaleza fiera. Es chispeante y divertido. Emocionalmente se le puede describir como excitable y volátil, que se da en cuerpo y alma a la actividad que haya emprendido. Sin duda es un amante ardiente cuya pasión se enciende fácilmente. El problema es que con la misma facilidad se apaga, y deja de amar con la misma rapidez con la que se enamora, especialmente cuando es joven. Pero una vez que encuentra su alma gemela, pasa a ser un compañero leal y constante, que se preocupa, da apoyo y responde.

Su tendencia a estirarse hasta el límite y a encender la vela por ambos lados es lo que afecta a su salud. Usted es un poco temerario y va de prisa por la vida aceptando riesgos, por lo que las personas que pertenecen a la misma categoría que usted tienden a tener más accidentes y lesiones que los demás. Por otro lado, su entusiasmo le lleva a cargarse con demasiadas cosas, y aunque le encanta la subida de adrenalina y generalmente puede tolerar altos niveles de tensión, tanta diversidad puede indicar el camino de problemas cardiovasculares, o a la extenuación física y mental. Cultivar la paz interior, seguir una rutina más regular y reconocer cuando ha llegado al límite son formas excelentes para que las personas que tienen las manos con la misma forma que usted mejoren su salud y bienestar.

La mano de Agua

Este tipo de mano es el más fácil de distinguir porque es larga y elegante, el tipo de mano que podría tener una modelo. Pertenecer a esta categoría significa que se es sensible y soñador. De hecho, se puede decir que si su mano es de esta categoría, usted vive la vida con la cabeza en las nubes. Es una persona amable, que se preocupa por los demás y a quien se hiere con facilidad. La paciencia es decididamente una de sus virtudes, y junto con su amabilidad, significa que usted destaca en todas las áreas profesionales relacionadas con el bienestar. De los cuatro tipos de manos, éste es el que indica la mayor imaginación y la mayor emoción ante la música y el arte. También de los cuatro, es el menos preparado para el agresivo mundo de los grandes negocios y la competitiva atmósfera de las altas finanzas.

Hay varias áreas específicas en las que brillarán los talentos de la persona con una mano de agua. Los servicios relacionados con la salud es uno de esos campos, ya que los miembros de este grupo son excelentes profesionales sanitarios, ya sean de la variedad ortodoxa o complementaria. Las artes también atraen su imaginativa mirada hacia los detalles. Muchas de estas personas gravitan con naturalidad en la industria de la belleza o la moda, donde pueden convertirse en excelentes peluqueros, expertos en belleza, diseñadores de ropa y, debido a su elegancia, en modelos de pasarela. Algunas personas son excelentes bailarines, músicos habilidosos, escritores imaginativos y delicados poetas. Su conocida sensibilidad y conciencia psíquica lleva muchas personas con este tipo de manos a desenvolverse en actividades de asesoría, psicoterapia u otros campos complementarios que conocemos como mente, cuerpo y espíritu.

Pertenecer a este grupo significa ser emocionalmente tierno. En realidad, es justo decir que usted vive de acuerdo a sus emociones. Se guía por la intuición y con mucha frecuencia deja que el corazón gobierne a su cabeza. Las personas con manos de agua son propensas a los cambios de humor, así que en un momento pueden estar eufóricas y deprimidas al siguiente. Cuando se trata de relaciones, puede ser demasiado impresionable para su propio bien y fácilmente manejable, así que es esencial que aprenda bien temprano en quién puede confiar y a quién debe evitar. Usted es un romántico maravilloso y tierno, que mira al amor de forma idealista a través de cristales de color rosa. En muchos aspectos puede estar desconectado del mundo, siempre viviendo con la cabeza en las nubes, así que necesita una pareja que esté a su lado y se ocupe de los aspectos más mundanos de la vida diaria, tales como llevar la economía familiar y pagar las cuentas. Usted puede aportar una ternura infinita a una relación. Es un compañero comprensivo, siempre dispuesto a escuchar y dar apoyo, que se siente feliz cuando atiende a las necesidades de sus seres queridos.

La tensión es el principal problema de salud de los miembros de este grupo. Al contrario que las personas que tienen manos que pertenecen a la categoría fuego, las del grupo agua no disfrutan de la emoción de vivir al filo de la navaja. Necesitan una vida de paz y tranquilidad en la que puedan soñar y tener pensamientos hermosos. La infelicidad emocional también es una presión intolerable que rápidamente puede afectar a sus sensibles sistemas digestivos y de inmunidad, aunque la depresión y los cambios de humor son las características que más frecuentemente se asocian con las manos de agua. Además, sus tendencias escapistas (la necesidad de esconder la cabeza para evitar sus problemas) pueden llevarles a la adicción al alcohol o a la dependencia de drogas.

2

Los contornos de la palma

Levante la mano con la palma hacia arriba hasta tenerla a nivel de los ojos y obsérvela desde la muñeca hasta los dedos. Notará que la palma de su mano parece un paisaje con colinas y valles, y que las líneas parecen carreteras o ríos que atraviesan el terreno.

Centre la atención en las áreas que parecen colinas. Compárelas unas con otras, decida cuál es la más alta, cuál la más ancha, cuál la más plana. Tóquelas con la punta de los dedos de la otra mano. ¿Son suaves y mullidas, flácidas tal vez, o firmes al tacto? Estas áreas se conocen con el nombre de montes, pequeñas almohadillas cuyo desarrollo y condición nos dicen muchas cosas sobre nuestras fuerzas y debilidades físicas y psicológicas.

Para poder valorar estos montes, la palma se divide en diez regiones que se pueden leer como un mapa (ver Figura 2). Cuatro montes se encuentran en la parte superior de la palma, cada uno de ellos situado debajo del nacimiento de un dedo. La parte central de la palma forma el área plana de la planicie de Marte, que tiene un monte a cada costado. La base de la palma contiene el área mayor, formada por la raíz del pulgar y la parte carnosa directamente opuesta.

El área entre los dos montes más bajos puede estar desarrollada o no. Algunas manos tienen un pequeño monte bien discernible aquí, mientras que otras tienen un profundo valle en su lugar.

Siguiendo la parte superior de la palma, desde el índice hasta el meñique, encontramos los montes de Júpiter, Saturno, Apolo y Mercurio. Directamente debajo está el área de Marte con el monte de

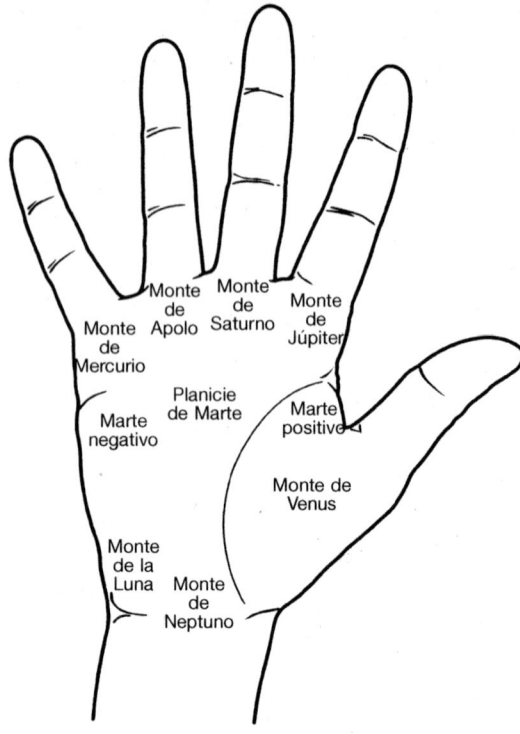

Figura 2

Marte positivo del lado del pulgar, la planicie de Marte en el centro y el monte de Marte negativo hacia el borde exterior de la palma. En la base de la palma está el monte de Venus, que cubre la raíz del pulgar; a continuación viene el monte de Neptuno y finalmente el monte de la Luna, ya sobre el borde exterior directamente encima de la muñeca.

El monte de Júpiter

Situado en la parte superior de la palma por debajo del dedo índice, el monte de Júpiter representa nuestro ego y sentido del yo. Dependiendo de su formación, este monte nos dice cómo nos sentimos con respecto a nosotros mismos, nuestra situación en la vida, nuestra autoridad y nuestro propio valor.

Un monte muelle y bien proporcionado nos habla de una disposición positiva y bien equilibrada y una opinión propia bien ajustada. Si esto describe su monte de Júpiter, significa que usted es una persona estable y confiada, con una buena dosis de ambición y capaz de tomarse la vida a su ritmo.

Si el monte sobresale de los demás, es de esperar que su dueño tenga una opinión más bien inflada de sí mismo. Las personas con un monte de Júpiter muy pronunciado y muy firme tienen la tendencia a ser arrogantes y darse autoimportancia. También son frecuentemente dominantes y despiadadamente ambiciosos.

Cuando el monte no es mucho más alto que los otros pero cubre un área extensa, la persona es cálida y amable, sociable y de espíritu generoso; es probable que tenga un gran apetito y que engorde con demasiada facilidad.

Un monte de Júpiter poco desarrollado, notoriamente más plano o más pequeño que los demás, es señal de falta de confianza o, incluso, de un complejo de inferioridad.

El monte de Saturno

De los cuatro montes que se hallan en la parte superior de la palma, el monte de Saturno, situado debajo del nacimiento del dedo medio, es generalmente el menos desarrollado. De hecho, cuanto más pequeño sea el monte, mejor. Esta área simboliza el equilibrio y la estabilidad. Nos habla de nuestro sentido de la responsabilidad, de la seriedad y la obligación. Una ligera almohadilla es todo lo que se necesita aquí para expresar sentido común, rectitud moral y estabilidad.

Si el área está demasiado desarrollada, sugiere una naturaleza triste, mórbida, depresiva. Alguien con un monte de Saturno grande puede considerarse como un aguafiestas, dado a las críticas injustificadas o a economizar de forma mísera.

En algunas manos los montes adyacentes (el de Júpiter a un lado y el de Apolo al otro) están ligeramente fuera de línea e invadiendo esta área, haciendo difícil distinguirlos. Pero si encontramos un monte de Júpiter desplazado hacia el área de Saturno, eso sugiere que su dueño se toma sus responsabilidades en serio y con filosofía. Cuando es el monte de Apolo el que se sale de sus fronteras, eso revela el goce de estudiar e investigar.

El monte de Apolo

Situado debajo del dedo anular, el monte de Apolo representa el talento creativo, la apreciación artística y lo que podría describirse como «satisfacción del alma».

Un desarrollo bien redondeado aquí denota una disposición positiva, alegra y soleada. Si su monte de Apolo está bien formado, es usted un alma contenta y emocionalmente bien equilibrada. Encuentra placer en las artes y la música, y es probable que usted mismo tenga talento creativo.

Si el monte de Apolo es excesivamente grande o sobresale mucho de sus vecinos, nos habla de engreimiento y ostentación. Los poseedores de esta formación pueden ser vanos, codiciosos, pretenciosos e insolentes.

Si el monte es plano o está poco desarrollado, puede haber una falta de refinamiento y poco interés en la cultura y las artes. Además, una deficiencia aquí sugiere un espíritu monótono, un enfoque materialista de la vida y una falta de verdadero talento creativo.

Cuando el monte está tan desarrollado que se extiende hacia el área vecina, el monte de Saturno, quiere decir que su poseedor encuentra gran satisfacción en sus logros. Si se inclina en la otra dirección, hacia el dedo de Mercurio, sugiere que la expresión creativa se encuentra en la literatura y en los medios de comunicación. Los poseedores de esta formación pueden tener habilidades para escribir, o tal vez trabajan en periodismo o en publicaciones.

El monte de Mercurio

Situado debajo del dedo meñique, el monte de Mercurio representa nuestras habilidades verbales y poder de comunicación. La formación de este monte revelará cómo nos expresamos verbalmente, cómo transmitimos nuestros mensajes, si somos ingeniosos y hablamos de forma articulada o si somos simplemente locuaces.

Cuando el monte de Mercurio está bien proporcionado con respecto al resto, sugiere que su dueño está socialmente bien equilibrado y tiene pocas dificultades para relacionarse con los demás. Si esta área de su mano está bien acolchada, su naturaleza es cálida, amigable y receptiva. A los demás les resulta fácil hablar con usted y a menudo lo toman de paño de lágrimas.

Las cualidades magnéticas del individuo se ponen doblemente en evidencia si el monte es ancho o se extiende hacia el monte de Apolo. En aquellas manos donde ambos montes se fusionan se puede esperar una personalidad con gran encanto.

Un monte de Mercurio bien formado también puede indicar inteligencia empresarial, astucia en cuestiones financieras y operaciones comerciales de todo tipo.

Si el monte es grande y bien acolchado, se trata de alguien hablador; un monte excesivamente grande, sin embargo, advierte de un bajo nivel de sagacidad. Los poseedores de esta formación tienen pocos escrúpulos a la hora de economizar la verdad.

Un monte de Mercurio no existente es señal de alguien que ha desarrollado pobres habilidades verbales o sociales; se puede marcar una falta de confianza en sí mismo y una incapacidad de expresar ideas en palabras.

La planicie de Marte

La zona plana en el centro de la palma se llama la planicie de Marte. Si los montes que la rodean están bien desarrollados, puede parecer hundida. Aunque es plana, lo ideal es que la planicie de Marte esté firmemente acolchada. Se puede medir su grosor intentando pellizcarla entre el pulgar y el dedo medio de la otra mano. La planicie de Marte debe dar la sensación de ser bastante sustancial para demostrar que la persona tiene buena capacidad de resistencia. Una planicie de Marte «rellenita» revela a alguien capaz de poner sus talentos en práctica.

Si al tacto el área parece delgada y huesuda, sugiere falta de fuerza y poder de resistencia. Una parte central de la palma magra y hundida da la impresión de que falta sustancia y su dueño puede ser poco práctico o no tener el impulso necesario para poner en buen uso cualquier talento en potencia.

Una sensación suave y esponjosa en esta área puede ser señal de gandulería y falta de sobriedad.

Una persona cuya planicie de Marte es gruesa y está bien acolchada, o es bastante extendida, es una persona con inmensos recursos.

Marte positivo

Del lado del pulgar de la planicie de Marte se encuentra el monte que se conoce como Marte positivo. Esta pequeña almohadilla metida en la arruga del pulgar representa el valor físico. Cuanto más desarrollado está el monte, más espíritu luchador posee el individuo. Si presiona el costado de la palma con el pulgar, verá que el monte se convierte en una pequeña joroba.

Cuando el monte de Marte positivo está bien proporcionado con respecto al resto de montes, revela una naturaleza saludable y asertiva, así como un buen sentido de autoconservación. Indica mucho sentido común y una buena comprensión del equilibrio entre los principios de luchar y huir. Un buen monte de Marte positivo es con frecuencia señal de valentía.

Pero si el área es muy alta, grande, firme en exceso o parece dominante en algún sentido, la aserción se convierte en agresión. En algunas manos, un monte de Marte positivo desarrollado en exceso puede indicar tendencias irascibles y puede ser señal de crueldad. Con frecuencia ésta es la marca que presenta un matón. Cuando esta área aparece desarrollada en exceso, se debe animar a su dueño a participar en deportes muy activos para que descargue su exceso de energía.

Una zona plana, no existente o incluso hundida es señal de cobardía.

Marte negativo

El monte de Marte negativo se encuentra al otro lado de la planicie de Marte. Mientras que Marte positivo representa el valor físico, en Marte negativo buscamos señales del valor moral.

Bien desarrollado, este monte significa integridad, fortaleza y fibra moral. Con una zona bien acolchada, usted puede estar seguro de tener el coraje de sus convicciones y de poder soportar las presiones.

Si el monte es plano o está poco desarrollado, habrá falta de fibra moral. Su dueño no será capaz de soportar las presiones y probablemente tenga un bajo umbral de dolor.

Un monte obviamente desarrollado en exceso es señal de tozudería injustificable. Cuando una persona con este tipo de Marte negativo toma una decisión y se afirma en ella, pocas cosas le harán cambiar.

El monte de Venus

Conocido también como planta del pulgar, el monte de Venus es la almohadilla carnosa debajo de Marte positivo y rodeada por el arco de la línea de la vida. Al comparar los montes de una mano, esta área será la de mayor tamaño. Representa nuestra virilidad, energía sexual y entusiasmo general por la vida.

Para el mejor efecto, este monte debe estar lleno y ser redondo y esponjoso al tacto. Si esto describe su monte de Venus, usted tiene la bendición de una personalidad cálida y cariñosa. Un buen monte de Venus asegura mucha resistencia y vitalidad. Considerando que normalmente es el área más grande de la palma, una que esté bien proporcionada en relación al resto revela una naturaleza feliz, generosa, alegre, llena de lo que los franceses llaman *joie de vivre*. Las personas carismáticas que son abiertas y atraen a otras como un imán invariablemente poseen un monte de Venus bien desarrollado.

Si esta área es notoriamente grande o alta, o incluso si parece excesivamente carnosa, lo más probable es que su dueño sea una persona robusta, con un gran apetito y un fuerte impulso sexual.

Un área estrecha, pálida o plana generalmente denota una salud delicada y una falta de vitalidad. Los poseedores de montes de Venus poco desarrollados tienden a ser emocionalmente fríos, con frecuencia egoístas, críticos con los demás y bastante indiferentes. Son personas normalmente introvertidas, con una líbido baja.

Cuando al monte le falta elasticidad o al tacto resulta apelmaza-
do, debemos esperar encontrarnos ante una personalidad sensual con
fuertes tendencias a la indolencia.

El monte de la Luna

Justo encima de la muñeca y hacia el extremo exterior de la palma
se encuentra el monte de la Luna, que simboliza la imaginación, la
memoria racial y los procesos ocultos del subconciente.

Cuando el área está bien formada, bien proporcionada con el resto
de la mano y es esponjosa al tacto, revela talentos artísticos y aptitudes
creativas.

El monte toma su nombre de la Luna porque se creía que ésta
influía en nuestros estados de ánimo y sentimientos; de hecho, esta
área se asocia con nuestra sensibilidad y nuestra sentimentalidad. Si
el monte está desarrollado fuera de proporciones, denota inquietud,
cambios de humor y una tendencia neurótica a dar rienda suelta a la
imaginación. Alcanzar un equilibrio entre fantasía y realidad puede
ser difícil para los dueños de esta mano.

Cuando el monte de la Luna es delgado, pálido y plano, denota una
imaginación pobre. Si es suave y blando, debemos esperar encontrarnos
con un temperamento vacilante y cambiable cuyo dueño tal vez use
alcohol o drogas para escapar de las realidades de la vida.

Cuando este monte tiene su mayor desarrollo en la parte más baja
de la palma, de tal modo que cae encima de la muñeca, nos indica
tendencias psíquicas. Los poseedores de tal tipo de monte de la Luna
son personas altamente perceptivas con un gran poder de intuición.
Son tan receptivas al ambiente y las vibraciones que se pueden dar
cuenta enseguida del humor de una persona o del aire que se respira
en un lugar. Debido a sus instintos tan desarrollados, pueden leer a
las personas como si fueran libros.

Esta sensibilidad a las vibraciones se puede manifestar también de
otra manera y denota la capacidad de coger un ritmo. Ésta es la razón
por la que muchos bailarines tienen una monte de la Luna despla-

zado que sobresale por encima de la muñeca, aunque esta formación también es frecuente en las manos de modelos o de personas con un sentido especial del movimiento.

El monte de Neptuno

No todas las manos muestran un desarrollo en esta área, que se encuentra entre los montes de Venus y de la Luna. En esencia, el monte de Neptuno vincula los lados conscientes e inconscientes de la palma y actúa como puente entre ellos.

Cuando el área está desarrollada, destaca el encanto y el carisma. Los dueños de una mano así son sorprendentes en algún aspecto y atraen a los demás. Tienen una percepción rápida, pueden ahondar en su imaginación, tienen talento creativo y son perspicaces.

Si el área es plana, está poco desarrollada o incluso formada en un profundo valle entre los montes de Venus y de la Luna, es probable que la persona posea poca autorreflexión.

Las divisiones de la mano

Una vez valorados los montes uno por uno, observe la palma en general y decida qué área parece tener el mayor desarrollo. ¿La palma es más carnosa justo encima de la muñeca, es más ancha en la parte superior donde nacen los dedos, o diría usted que la redondez del lado del pulgar oscurece al resto?

La palma se puede dividir de diferentes maneras y cada parte reflejará distintas facetas de nuestras personalidades y nuestras vidas, por lo que el área con mayor desarrollo de nuestras manos revelará lo que nosotros consideramos como lo más importante en la vida (ver Figura 3).

Horizontal

Si dibujamos una línea horizontal imaginaria que pase por el centro de la palma de la mano, ésta quedará dividida en dos mitades, superior

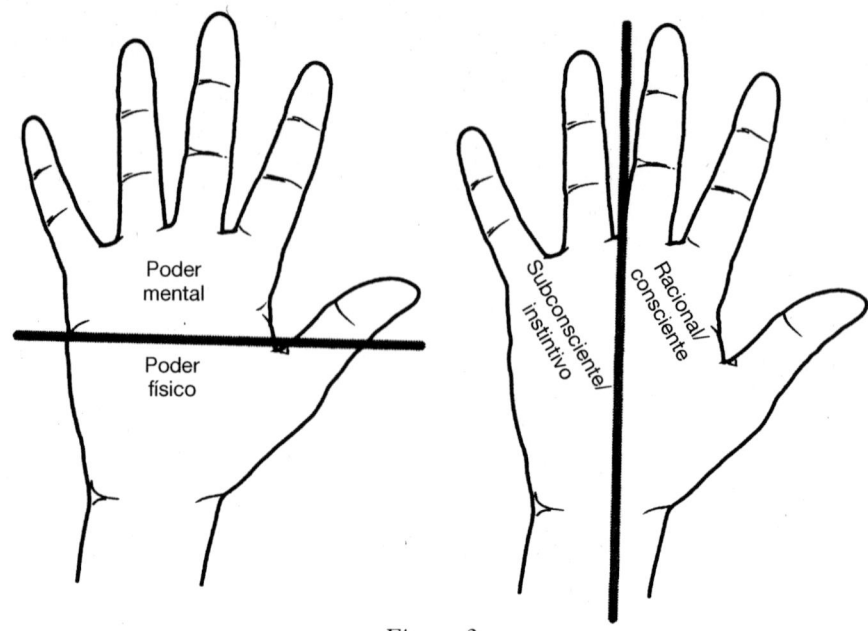

Figura 3

e inferior. La parte basal de la palma representa el vigor y la fuerza. Cuando esta área está mejor desarrollada que la superior, indica una persona fuerte físicamente y dinámica. La gente activa y deportiva con frecuencia posee este tipo de mano.

Si la palma es más ancha justo debajo de los dedos, la fuerza no es tanto física sino mental. Quiere decir que la persona enfoca la vida desde un punto de vista más intelectual y prefiere los juegos de palabras, por ejemplo, a los juegos físicos. Con esta mano, es la mente la que rige al cuerpo, y dado que la mano se estrecha hacia la muñeca, muestra recursos físicos limitados. En consecuencia, las personas que tienen este tipo de mano se cansan con facilidad y necesitan encontrar su propio ritmo.

Vertical

La división vertical de la mano separa las partes conscientes de las subconcientes de la palma. En esta ocasión, dibujaremos la línea imaginaria comenzando entre el dedo medio y el anular y siguiendo verticalmente hasta la muñeca.

Si la parte de la mano que encierra el pulgar y los dos primeros dedos es visiblemente más fuerte o está mejor construida que la otra parte, sugiere una persona abierta, que mira hacia fuera, que es ambiciosa y que tiene una actitud consciente y pragmática ante la vida. Estas personas tienden a estar orientadas hacia lo material, dispuestas a causar un impacto dinámico en el mundo.

Cuando es el otro lado el que tiene el mayor desarrollo, sugiere que a la persona le importa más la parte subconsciente de la psique que los aspectos materiales o mundanos. Estas personas ponen mucho énfasis en su desarrollo espiritual, son intuitivas y receptivas y necesitan encontrar satisfacción a través de la expresión creativa y los logros vitales.

3

Dedos y pulgares

Dedos

Considerando los innumerables gestos que hacemos con las manos cada día, no resulta sorprendente que lo primero que tendemos a ver en las manos de una persona son los dedos. Si alguien está señalando o saludando con la mano, o entregando dinero u otros objetos, es probable que usted se fije en el largo y en la forma de los dígitos, especialmente si se salen de lo común por algún motivo: por ejemplo, son extraordinariamente largos y elegantes, o curiosamente cortos y gordos. De hecho, muchas veces nos sorprendemos, porque no esperamos ver uñas comidas en una persona muy acicalada o nudillos huesudos en alguien que parece más bien gordo y fuerte.

Estas características de nuestros dedos y muchas otras nos dan una valiosa información sobre nuestra personalidad. Los dedos largos o cortos, gruesos o delgados, doblados o rectos, rígidos o flexibles, redondeados o puntiagudos, nudosos o lisos nos proporcionan inmediatamente pautas sobre nuestro temperamento y comportamiento instintivo.

El largo de los dedos

¿Sus dedos son largos o cortos? Puede saberlo comparando el largo del dedo medio con el largo de la palma de la mano. Con una regla, mida el dedo medio desde la punta hasta la línea donde el dedo se une con la palma. A continuación, mida desde este punto hasta la muñeca. Si su dedo medio es más de tres cuartos el largo de la palma, puede decir con seguridad que usted tiene dedos largos. Cuando la relación entre dedo y palma es menor, los dedos se consideran cortos.

Los dedos largos pertenecen a las personas que se fijan en los detalles. Estas personas son pacientes y metódicas, les encanta pasarse horas estudiando escrupulosamente minucias y enredos. Si usted tiene dedos largos, tiene la habilidad de centrar la atención en los detalles y de ver los defectos más pequeños a veinte pasos. Es meticuloso con todas las tareas que emprende y nada le parece demasiado trabajo cuando se trata de hacer las cosas bien. Nada de atajos si esto puede socavar la calidad de su trabajo.

Los dedos cortos son señal de fuertes facultades intuitivas e instintivas. Pertenecen a las personas que trabajan con rapidez, ven algo con una sola mirada y leen entre líneas. Si usted tiene dedos cortos, seguro que es un excelente organizador, capaz de tener una visión general de una situación más que de preocuparse por los detalles más pequeños. Si un atajo le permite llegar a su destino con mayor rapidez, usted lo usa. Preocuparse por los detalles no es lo suyo y de hecho, es algo que lo impacienta. Usted no es de los que se quedan quietos, prefiere acabar una tarea y pasar el siguiente reto.

En la mano ideal, el dedo medio generalmente es más largo que sus vecinos a cada lado. Los dedos índice y anular normalmente son iguales o casi iguales en largo y lógicamente el dedo meñique, como su nombre indica, es más corto que los demás.

Cuando juzgue el largo de sus dedos, es importante medirlos con mucho cuidado usando una regla. Algunos dedos parecen ser más cortos de lo que son en realidad simplemente porque están insertados en la palma un poco más abajo que los otros. Esto pasa mucho con el meñique, que cuando empieza realmente muy abajo indica una falta de confianza en sí mismo. Descubrir que un dedo es realmente más largo que lo que parece normalmente da muchos ánimos porque muestra que el talento está allí pero enmascarado por una baja autoestima. La indicación de todas las habilidades y capacidades latentes indicadas en otras partes de la mano también ayuda a que su dueño refuerce su confianza en sí mismo.

En algunos casos es el dedo índice el que está insertado más abajo que los demás y cuando esto pasa puede significar un complejo de inferioridad. Cuando nos encontramos con uno así, seguro que su dueño es una persona pendenciera.

Pautas sobre sexualidad

Investigaciones recientes llevadas a cabo por una importante universidad británica han confirmado algo que los analistas de manos saben desde hace miles de años: que el largo del dedo anular de un hombre refleja su potencia sexual y fertilidad.

Tradicionalmente, el dedo anular se ha considerado un indicador de nuestra creatividad. Un anular largo representa nuestro sentido de felicidad y satisfacción en la vida, pero si es corto en comparación con el índice, revela inhibiciones fundamentales y falta de disfrute espontáneo. Cuando pensamos en creatividad, automáticamente tendemos a pensar en el talento artístico, pero la creatividad es el acto de crear, y el acto más fundamental de creación es el de producir una nueva vida. Éste es el vínculo que se ha confirmado entre el largo del dedo anular de un hombre y su potencia fértil.

Cuando se trata de la fertilidad de una mujer, es su dedo índice el que hay que analizar. Es el dedo que corresponde a nuestro sentido de poder personal e impulso del yo. Según la investigación, un dedo índice largo en la mano de una mujer predice una fuerta capacidad reproductiva. Se ha descubierto que las mujeres con índices largos tienen también más posibilidades de embarazos sanos y tienden a tener familias más numerosas. En el análisis de manos, un índice largo es señal de naturaleza asertiva y mandona, tal vez las características necesarias en una mujer que tiene que criar a un montón de hijos. Los índices destacadamente cortos denotan timidez y sentimientos de inferioridad.

Tanto en los hombres como en las mujeres, los índices cortos también pueden proporcionar otras pautas sobre nuestra sexualidad y orientación sexual. Se cree que un índice marcadamente más corto que el anular puede indicar tendencia a la homosexualidad. Dado que nuestras manos se forman muy al principio de nuestro desarrollo fetal, el largo de los dedos bien podría estar determinado por la mezcla hormonoal en el útero y cualquier desequilibrio aquí podría provocar diferencias en el largo de los dedos.

Obviamente, hace falta medir los dedos con mucha precisión ya que es muy posible que un índice parezca más largo o más corto por la forma de poner la mano o por el lugar donde se inserta en la palma. De todos modos, descubrimientos como éstos hacen mucho para establecer la credibilidad de la quiromancia al confirmar que verdaderamente es posible leer la formación genética de una persona en su mano.

Dedos lisos y flexibles

Algunos dedos son lisos (a), mientras que otros tienen articulaciones con marcadas protuberancias (ver Figura 4-b). Cuanto más lisos los dedos, con mayor rapidez se forman las impresiones y más rápidas son las respuestas. Hágale una pregunta a alguien que tenga los dedos lisos y probablemente reciba una respuesta inmediata.

Las articulaciones prominentes, que dan lo que se conoce como «dedos nudosos», revelan un carácter más analítico, o sea alguien que es más lento en responder porque necesita tiempo para procesar la información. Hágale una pregunta a esta persona y probablemente tendrá que esperar un momento para que le responda.

Esto es especialmente así cuando las articulaciones superiores están destacadamente desarrolladas, ya que esto es señal de una mente meditativa o contemplativa. Los poseedores de dedos así también pueden ser bastante exigentes y críticos con los demás. Pero cuando sólo las articulaciones basales están bien formadas, es señal de alguien que necesita vivir en un entorno ordenado y estructurado. Estas personas son frecuentemente muy autodisciplinadas e insisten en llevar una existencia limpia y ordenada.

Los dedos que son flexibles revelan una naturaleza elástica y generosa. Los dedos rígidos que no se doblan para nada en las puntas indican una disposición rígida.

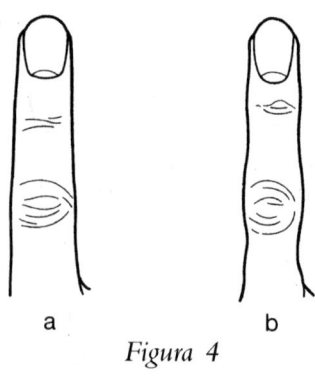

a   b

Figura 4

La punta de los dedos

Los dedos pueden acabar en una variedad de formas (ver Figura 5), tales como:

- Redondeada.

- Aplastada, conocida como cuadrada.

- En punta, con lo que el dedo parece afilado.

- En forma de espátula, o sea que la punta del dedo es más ancha.

En algunas manos todos los dedos acaban en la misma forma y eso crea un conjunto. Analizar un conjunto es bastante sencillo, pero otras manos pueden tener dedos que acaban en formas diferentes y en ese caso, habrá que valorar cada dedo por separado.

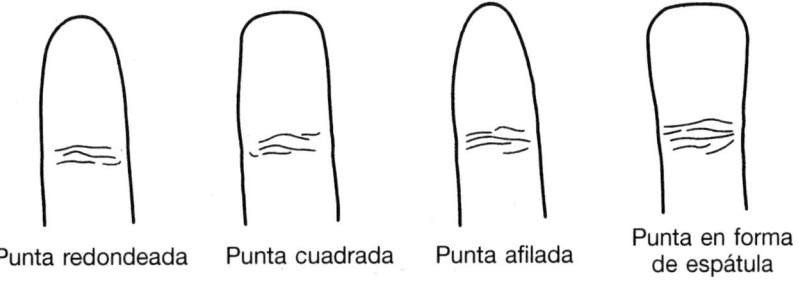

Punta redondeada   Punta cuadrada   Punta afilada   Punta en forma de espátula

Figura 5

Hablando en general, los dedos que acaban en puntas redondeasas denotan una forma de ser amable y receptiva. Los dedos de punta cuadrada son señal de una naturaleza práctica y la predominancia de este tipo de dedos en una mano indica que su dueño es capaz de transformar ideas en realidad. Los dedos afilados son señal de idealismo, por lo que las personas que tienen varios dedos así se forman impresiones rápidamente y responden de forma instantánea a la información que les llega. Los dedos cuyas puntas tienen forma de espátula indican inspiración y actividad, y quien posea la mayoría de dedos de esta forma generalmente será muy inventivo.

Dedos individuales

Históricamente, cada dedo recibía el nombre de un dios romano cuyas características simbolizaban aquellos aspectos de la personalidad que el dedo representa. En la actualidad, en la quiromancia tradicional todavía se conocen con dichos nombres porque indican muy adecuadamente lo que los dedos representan.

El dedo índice

Debido a que este dedo representa el ego y el yo conciente recibe el nombre de Júpiter, el líder de los dioses. Es el dedo con el que señalamos, a nosotros mismos y a otros. Es el dedo que sacudimos en admonición y el que usamos cuando queremos enfatizar lo que estamos diciendo.

Dependiendo de su largo, de su forma y de cómo lo movemos, el índice revela lo que pensamos de nosotros mismos y cuál es nuestra postura en la vida. Además, indica facultades de liderazgo y confianza en uno mismo como individuo. Si quiere saber cómo le va a ir en un entorno competitivo, éste es el dedo que hay que examinar.

Si su índice es recto, muestra una sana imagen de sí mismo; es señal de confianza y seguridad en uno mismo.

Un índice que se inclina visiblemente hacia el pulgar denota una personalidad ambigua, y si se inclina hacia el otro lado, hacia el dedo medio, indica que uno no se siente a gusto con las características de la vida competitiva. Más bien, usted es un trabajador duro y completo que prefiere vivir la vida apartado de las luces de candilejas. Si es sólo la punta la que se curva muy claramente hacia el dedo medio, puede indicar un fuerte egoísmo.

Cuando el índice es igual de largo que el dedo medio hay que comprobar que no se trate de un dedo medio inusualmente corto. Si el índice, el medio y el anular son más o menos iguales, se puede suponer con seguridad que es el dedo medio el que no tiene una medida regular. Si el dedo índice es realmente el más largo, sugiere fuertes dotes de mando y autoridad. En una personalidad positiva, esto indicaría un líder firme pero justo. En una persona negativa, sin embargo, esto podría indicar que se trata de un matón.

Los índices cortos invariablemente denotan falta de confianza en sí mismo, pero hay que confirmar que el dedo encaje en la palma en una línea pareja con el resto de dedos. Si está más abajo, es probable que el dedo sea más largo de lo que parece (ver Figura 6). De todos modos, los índices que están insertos muy bajos en la palma generalmente sugieren la presencia de un fuerte complejo de inferioridad.

Observe la punta de este dedo. Si es cuadrada, muestra habilidad práctica. Si es redondeada o incluso afilada, sugiere que su dueño entiende rápidamente lo esencial. Una punta en forma de espátula aquí generalmente forma parte de un conjunto, pero revela que su dueño tiene cualidades de liderazgo y que se le encontrará al frente de cualquier situación.

El dedo medio

Como dedo que representa la estabilidad y la responsabilidad, este dedo recibe el nombre de Saturno, el dios de la experiencia, la sobriedad y la sabiduría. Según el largo y su forma, éste es el dedo que hay que examinar en busca de pautas sobre el sentido del deber y el compromiso de una persona.

De forma ideal, el dedo medio debería ser un poco más de un centímetro más largo que sus vecinos a ambos lados. Esto indica una persona en la que se puede confiar, con una actitud firme y equili-

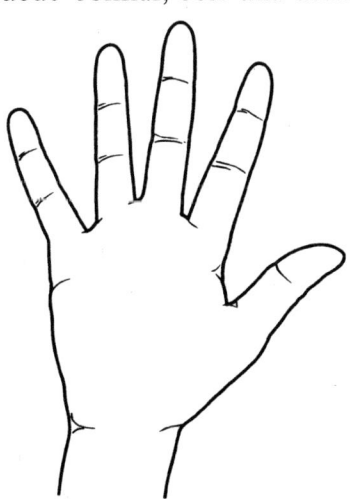

Figura 6

brada ante la vida. Si el dedo es marcadamente corto, el enfoque es poco convencional. La persona con un dedo medio corto puede ser irresponsable y nada conformista; no hay que esperar que siga reglas o normativas, sino más bien que actúe según su tendencia a burlarse de las leyes en todas las ocasiones posibles. Un dedo medio demasiado largo se asocia con una naturaleza mórbida o melancólica. Un dedo de Saturno muy largo es frecuentemente señal de pesimismo o soledad.

Un dedo medio inclinado hacia el índice confirma el impulso a tener éxito. Inclinado hacia el anular, sugiere que su dueño se confía demasiado, lo que le impide desarrollar todo su pontencial. Llevarlo recto y extendido describe a su dueño perfectamente.

Cuando la punta del dedo medio es cuadrada, revela una forma de ser conservadora o disciplinada. Una punta en forma de espátula denota un pensador profundo, alguien muy cauto, incluso con tendencias espartanas. La punta redondeada indica una actitud más despreocupada y la afilada marca a la persona que todo lo deja para después.

El dedo anular

Representa la capacidad creativa, el talento artístico y la apreciación del arte y recibe el nombre de Apolo, el dios del Sol.

Pintores, escritores y actores frecuentemente tienen dedos de Apolo rectos y bien formados que parecen destacar entre los otros dedos. Un anular bien proporcionado refleja un individuo culto que disfruta expresándose bien y encuentra satisfacción en sus habilidades. Un dedo anular corto sugiere que su dueño tiene una actitud materialista más que creativa con respecto a sus asuntos.

Cuidado con los dedos de Apolo extra largos, ya que son la marca del jugador. Los empresarios deberían tenerlo presente, especialmente a la hora de contratar a directivos para sus departamentos financieros.

Un dedo anular de punta redondeada refleja buenas dotes de expresión creativa. Si la punta del dedo es cuadrada, su dueño será una persona práctica, pero con falta de imaginación o inspiración artística. Una punta afilada indica tendencias idealistas e ideas poco prácticas. Una punta en forma de espátula denota talento dramático, por lo que es frecuente verla en las manos de actores o en personas predispuestas a la exageración.

El dedo meñique

El dedo meñique recibe el nombre de Mercurio porque, como mensajero de los dioses, representaba las comunicaciones, y eso es precisamente con lo que se asocia al más pequeño de nuestros dedos de la mano. Nos da pistas sobre nuestra capacidad de aprender e impartir información. También puede decir algo sobre nuestras capacidades mentales y literarias, nuestros talentos e intereses en el mundo de los medios de comunicación, la ciencia, los negocios, la medicina o la tecnología. Para ser el dedo más pequeño, ¡sí que esconde mucha información!

Con una regla, mida el largo del dedo meñique y compárelo con el del dedo anular. Muchos meñiques parecen más cortos de lo que son sólo porque se implantan en la palma más abajo que sus vecinos (ver Figura 6). Podemos decir que el dedo de Mercurio es largo cuando llega a la mitad de la falange superior del dedo anular (o la sobrepasa).

Un dedo de Mercurio muy largo, que llega hasta la falange que tiene la uña del dedo anular, es la mejor señal de un buen orador. Las personas que tienen con fuertes dotes literarias o poder de oratoria frecuentemente poseen un dedo meñique largo. Si el suyo es especialmente largo, tal vez signifique que está destinado a ser escritor; lo que ciertamente significa es que es un buen conversador e ingenioso además.

Un dedo meñique corto es lo contrario y significa que su dueño tiene dificultades para expresar sentimientos y conceptos en palabras.

Un meñique recto es la mejor señal de una persona honesta, llena de integridad. Uno que se curva hacia el anular significa que la persona es altruista, siempre dispuesta a anteponer a los demás o preparada para sacrificar sus sueños y ambiciones a favor de sus seres queridos.

Pero si sólo es la punta del dedo la que se curva, entonces estamos delante de una persona sagaz y observadora, con mucho conocimiento. Esto es bastante diferente de un meñique torcido, que indica precisamente una persona poco honesta.

Un meñique de punta afilada pertenece al seductor, la persona que tiene el don natural del encanto oral. Los poseedores de este tipo de dedo son buenos vendedores, aunque también es útil para cualquier persona que se dedique a los negocios o los medios de comunicación. La punta redondeada de este dígito denota una persona bienhumorada, de inteligencia despierta. Las puntas cuadradas o en forma de espátula no son frecuentes en este dedo, pero cuando existen forman parte de un conjunto. Ambas formas denotan aquí una naturaleza práctica y revelan que la persona posee la habilidad y capacidad de poner en práctica sus ideas.

El pulgar

Como seres humanos, somos la única especie con pulgares altamente desarrollados que podemos mover de forma opuesta a los demás dedos. Esta acción de pinzar nos permite agarrar y manipular objetos con toda precisión y con un sofisticado grado de movimiento. El desarrollo de nuestros pulgares es tan crucial para la destreza de nuestras manos que algunos quirománticos consideran que el pulgar es el indicador más importante de nuestro carácter y personalidad.

Tradicionalmente, el pulgar representa nuestra fuerza de voluntad y la lógica. Según su tamaño y forma, revela nuestra fuerza, iniciativa y fuerza de carácter. Su flexibilidad, así como la forma de llevarlo, nos dirá mucho sobre nuestro nivel de resolución, persistencia y firmeza de mente y espíritu.

Pero el pulgar debe dar la impresión de mezclarse bien con la palma y los dedos. Debe hacer que la mano parezca bien equilibrada. Una mano pequeña y delgada necesita un pulgar pequeño y delgado. Si es demasiado grande, la persona puede ser de naturaleza fuerte y dominante. Del mismo modo, un pulgar que es demasiado corto o demasiado delgado en una mano grande y fuerte sugeriría una personalidad débil, con falta de determinación, fácilmente influenciable por los demás y por las circunstancias externas. La Figura 7 muestra una variedad de formas y tipos de pulgares.

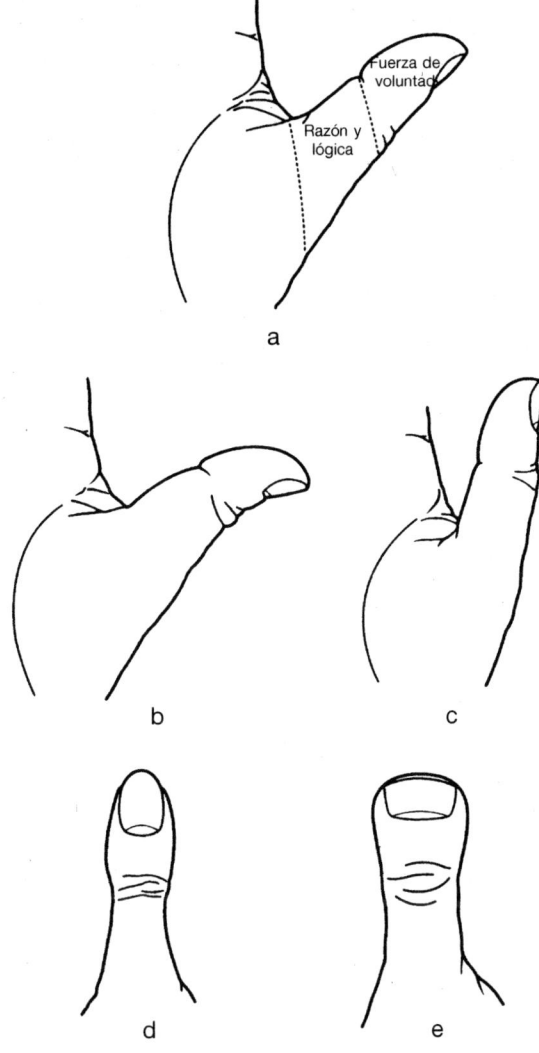

Figura 7

Reglas generales

Al valorar un pulgar, la primera regla es buscar el equilibrio: el pulgar debe complementar el resto de la mano y dar la impresión de pertenecer a un todo. Una mano bien equilibrada, con todas sus partes en armonía, es señal de un individuo bien adaptado.

La segunda regla es que las dos secciones que forman el pulgar deben ser aproximadamente iguales en longitud (a). La sección superior, o sección de la una, representa la fuerza de voluntad y la segunda sección simboliza la razón y la lógica. Si la sección superior es marcadamente más larga que la otra, podemos deducir sin temor a equivocarnos que la voluntad se impondrá a la razón, por lo que su dueño tendría tendencia a actuar sin pensar. En cambio, si es la segunda sección la que es más larga, entonces el proceso de razonamiento domina la determinación a actuar y debilita el impulso de la persona. En este caso habría muchas palabras y buenas intenciones, pero pocas acciones para llevar los planes a la realidad.

Flexibilidad

Cuanto más flexible sea el pulgar, más adaptable será la persona. Un pulgar que se inclina hacia atrás en la sección superior es señal de una naturaleza flexible (b). Por el contrario, si el pulgar es rígido, podemos estar seguros de que su dueño tiene actitudes fijas y una personalidad inflexible.

Ángulo de apertura

¿Qué angulo forma el pulgar con la palma de la mano? La norma para una mano en descanso es que el pulgar forme un ángulo de aproximadamente 45 grados con la palma, pero si le pedimos a una persona que extienda su pulgar veremos que el ángulo de apertura puede ir desde los 30 grados hasta más de los 100.

Básicamente, cuanto más amplio sea el ángulo de apertura, más extrovertido será el individuo. Una gran apertura muestra una naturaleza expansiva y extravagante, con pocas inhibiciones. La capacidad de concentración puede ser pobre, ya que las personas con esta mano tienden a distraerse fácilmente y a trabajar a impulsos espasmódicos.

Una apertura de 90 grados es señal de una naturaleza en equilibrio. La persona es franca y abierta, cálida, amigable y de trato fácil.

Cuanto más cerrado es el ángulo, más estrecha es la visión y más cauta e inhibida es la persona (c). Es la señal de un individuo más bien reservado, con dificultades para hablar abiertamente de sus sentimientos o para compartir sus ideas. La capacidad de concentración, sin embargo, no presenta problemas. En realidad, estas personas son persistentes y testarudas. Si el ángulo de apertura es muy agudo, puede ser signo de tacañería. A estas personas les gusta agarrarse no sólo a sus emociones, sino también a sus billeteros.

Formas del pulgar

Siempre que el pulgar parezca estar en armonía con la mano, un pulgar fuerte en una mano de apariencia fuerte denota vitalidad, resistencia, determinación y sentido común.

Cuanto más refinado sea el pulgar, más refinado es el pensamiento. Un pulgar de hermosas proporciones, largo y elegante, revela un pensamiento lógico e intelectual (d).

Un pulgar delgado, de apariencia débil, indica falta de fuerza y naturaleza vacilante. Si a un pulgar visiblemente le falta vitalidad, a su dueño también. No importa que la mano sea rica en talento o que las líneas de la palma prometan mucho; si el pulgar no tiene la suficiente fuerza para proporcionar el impulso necesario, el potencial de la persona difícilmente se desarrollará como haría falta para hacerla llegar al éxito.

Cuando la segunda sección es gruesa y el pulgar tiene lados paralelos, a la persona le falta tacto. Los dueños de pulgares así tienden a ser bruscos y con frecuencia meten la pata. Un pulgar con forma de reloj de arena, en cambio, denota dotes diplomáticas y las personas cuyos pulgares tienen esta forma poseen una inmensa capacidad de discreción.

Pero normalmente es la forma de la punta del pulgar la que permite ver enseguida cuál es el enfoque vital de la persona. Una punta afilada, por ejemplo, revela de forma instantánea a una persona que actúa impulsivamente. Las personas que tienen este tipo de pulgar están bien versadas en las artes de la manipulación y saben exactamente cómo salirse con la suya.

Un pulgar de punta más redondeada es señal de una mente creativa. Estas personas saben expresarse con elocuencia y les gusta causar buena impresión donde quiera que vayan.

Un pulgar de punta cuadrada denota a la persona práctica, llena de sentido común, que tiende a guiarse por las normas y cree en la honradez y el juego limpio.

La originalidad y una buena imaginación pertenecen a una punta en forma de espátula (e), pero hay que asegurarse que verdaderamente es un pulgar cuya punta tiene forma de espátula y no una falange superior bulbosa. Se diferencian porque la punta en forma de espátula está bastante bien formada y se ensancha hacia ambos lados de la uña. La punta bulbosa, en cambio, tiende a presentar toda la sección superior gruesa y carnosa en todo el contorno.

Una punta bulbosa sugiere agresión. Las personas con este tipo de pulgar tienen mucha energía reprimida y si no pueden canalizarla hacia una actividad física, es probable que recurran a la violencia cuando se sienten acorralados. Esta forma también se conoce como pulgar «en maza» y nos advierte sobre una naturaleza obstinada, terca.

Observemos ahora la punta del pulgar de perfil. ¿Tiene forma entallada, cincelada, como si se hubiera desbastado desde la articulación hacia la punta? Si es así, es una forma de pulgar encantadora, que revela buenas dotes psicológicas y excelentes habilidades sociales. Los poseedores de este tipo de dedo son personas afables que se relacionan fácilmente con los demás.

Las uñas

Se pueden saber muchas cosas de una persona por sus uñas. Las uñas comidas, por supuesto, sugieren una disposición ansiosa; las uñas sucias y mal cuidadas pueden indicar despreocupación por la higiene o falta de orgullo personal, mientras que unas uñas muy manicuradas nos llevan a pensar que se trata de una persona muy meticulosa con su presencia.

En todo caso, se trata de observaciones «cosméticas» que los analistas de manos toman como un hecho, pero en las uñas se pueden ver datos mucho más profundos e importantes, porque no sólo nos dan información sobre carácter y temperamento, sino también valiosas indicaciones sobre el estado de nuestra salud.

Las uñas pueden tener varias formas fácilmente identificables (ver Figura 8). Las principales categorías son:

- Cuadrada.

- Ancha.

- En abanico.

- Avellanada.

- Estrecha.

Dentro de cada grupo también pueden haber variaciones. Al valorar la forma de una uña sólo cuenta la parte rosa y viva, no el extremo al que se le puede dar forma según el gusto de su dueño. Lamentablemente, las uñas mordidas frecuentemente presentan formas distorsionadas que dificultan su inclusión en la categoría adecuada.

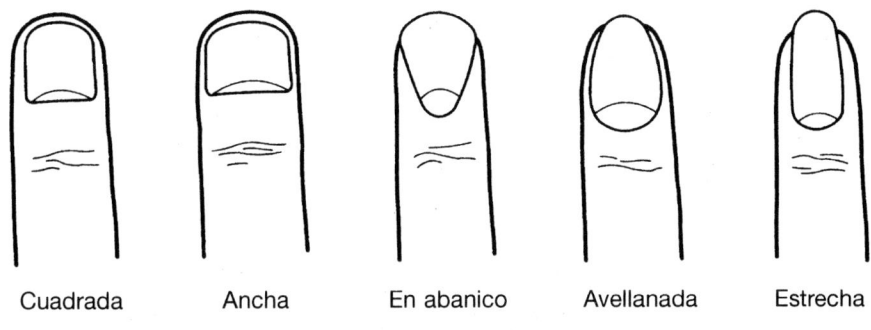

| Cuadrada | Ancha | En abanico | Avellanada | Estrecha |

Figura 8

La uña cuadrada

Se identifica fácilmente por una base estrecha y lados paralelos, y puede ser grande o pequeña. Esto se puede medir por la cantidad de dedo que se ve alrededor de la uña; si la uña cubre casi toda la punta, se trata de una uña grande, pero si se ve mucho dedo alrededor de la uña, se trata de una uña pequeña.

Las uñas cuadradas revelan un temperamento estable y una naturaleza generalmente bien equilibrada. Cuanto mayor tamaño tenga la uña, más tolerante, de trato fácil y mente abierta será la personalidad. Cuando la forma cuadrada es comparativamente pequeña, puede indicar una mentalidad crítica y exigente. Las personas con uñas cuadradas pequeñas a menudo tienen una visión cínica de la vida. Ya sean las uñas grandes o pequeñas, las personas que tienen uñas cuadradas tienen una gran memoria y nunca olvidan un desaire.

Desde el punto de vista de la salud, la hipocondría se asocia con esta forma de uña.

La uña ancha

No hay que confundir una uña comida con una ancha y para estar absolutamente seguros de que se trata de una uña ancha, hay que poder ver el extremo blanco. Una uña ancha verdadera tendrá una base recta y lados paralelos, pero será mucho más ancha que larga. Cuando se da este tipo de uña, suele ser en los pulgares.

Sus dueños con frecuencia poseen fuertes temperamentos; tal vez se enfaden lentamente, pero cuando lo hacen explotan como volcanes. El lado positivo es que estas explosiones al menos limpian el aire y una vez que su furia se ha aplacado, no guardan rencores ni hacen recriminaciones duraderas.

Dada la tendencia a las violentas erupciones momentáneas de furia, no es sorprendente que la uña ancha se vincule con una predisposición a los ataques fulminantes.

La uña en abanico

Esta uña también se conoce como uña en forma de concha, dado que su forma triangular recuerda a una venera. Se encuentra en personas sensibles propensas a la tensión nerviosa. Curiosamente, las uñas a veces pueden adoptar esta forma cuando sus dueños están pasando largos períodos de tensión; si esto ocurre, es una advertencia de que el sistema nervioso tiene problemas. El mensaje aquí es sencillo: aprenda a relajarse, tómese tiempo libre y delegue, porque de otro modo pueden haber serias repercusiones en la salud.

La uña avellanada

Esta forma tiene una base redondeada de presencia agradable y recuerda a una avellana, de ahí su nombre. Las personas con uñas de este tipo tienden a ser soñadoras y de naturaleza plácida, aunque cuando están molestas se pueden mostrar enfurruñadas durante mucho tiempo. Desde el punto de vista de la salud, la tendencia en estas personas es a vivir según sus nervios.

La uña estrecha

Las uñas estrechas tienen una base redondeada y son largas y gráciles, estando rodeadas muy visiblemente por el dedo. Pueden ser señal de una naturaleza fría y egoísta. Físicamente, tienden a demostrar que la salud de su dueño no es muy robusta. Estas personas parecen poseer mucha energía nerviosa y pueden ser hipersensibles.

Si las uñas estrechas parecen garras, el egoísmo puede ser una característica de la personalidad especialmente marcada. Esta forma de uña también puede ser señal de deficiencias alimentarias, caracterizadas por una asimilación pobre y una eliminación lenta.

La condición de las uñas

Una vez valorada la forma, el paso siguiente es considerar la condición real de las uñas (ver Figura 9). ¿Presentan alguna malformación o peculiaridad? Hay que observarlas de perfil para ver si son cóncavas, en forma de plato, o si están marcadas por estrías muy visibles.

Nuestras uñas están hechas de queratina, una proteína que el cuerpo produce constantemente y que se transforma en una película dura y córnea para proteger las delicadas puntas de los dedos. Una uña tarda seis meses, de promedio, en crecer desde la cutícula hasta la punta. Esto se conoce como la parte viva de la uña, opuesta al extremo blanco formado por células muertas que, por consiguiente, no duele cuando lo cortamos o limamos.

Curiosamente, el ritmo de crecimiento puede variar. Las uñas crecen más rápidamente en tiempo caluroso que frío, más rápido en la mano derecha que en la izquierda (esto en las personas diestras, pero al revés en los zurdos) y más rápido en las manos que en los pies. El ritmo de crecimiento también puede variar de acuerdo con nuestra salud.

Debido a que la uña está en constante producción, cualquier trauma repentino para el sistema (un shock o una dieta extrema, por ejemplo) influirá en el proceso y dejará alguna marca en la uña. El proceso de formación de una uña se puede asimilar a una cinta transportadora. Cuando todo va bien, la cinta seguirá pasando a una velocidad constante y con un grueso siempre igual, pero si se cambia la consistencia del material usado para hacer la cinta o se corta el suministro de energía temporalmente, la cinta transportadora probablemente se moverá a tirones o se volverá despareja, con bultos, muescas o surcos.

Estas irregularidades apuntan directamente a problemas de salud, especialmente los surcos horizontales que indican que ha ocurrido algo que ha alterado la delicada producción de queratina. Por ejemplo, un cambio en la consistencia puede tener su origen en deficiencias de vitaminas y minerales, en reacciones alérgicas o en cambios repentinos de la alimentación. Un choque emocional o la aparición de una grave enfermedad (ambas relacionadas con la interrupción temporal de la fuente de energía) también pueden causar un surco profundo, dado que en ese punto la producción de queratina se habría interrumpido o se habría vuelto considerablemente más lenta.

Sabiendo que una uña tarda aproximadamente seis meses en crecer, podemos establecer cuándo ocurrió el incidente. Un surco profundo a mitad de la uña, por ejemplo, sugiere que el hecho tuvo lugar hace tres meses. Más arriba en la uña indicaría tal vez una antigüedad de cinco meses, mientras que más abajo o más cerca de la cutícula indicaría un hecho bastante reciente. Una serie de surcos que le dan a la uña una presencia corrugada sugiere un problema alimentario continuado o que su dueño ha pasado un largo período de tensión. En estas circunstancias habría que tomar medidas para enderezar el problema, dado que el sistema obviamente está sufriendo una anomalía. Pero si se trata de un surco aislado que se repite en el mismo lugar en todas las uñas, probablemente se pueda explicar por una situación de duelo, por ejemplo, o un cambio importante en la alimentación, hechos ambos que se pueden fijar en una fecha determinada. Si usted encuentra un surco, compruebe que se repita en todas las uñas en el

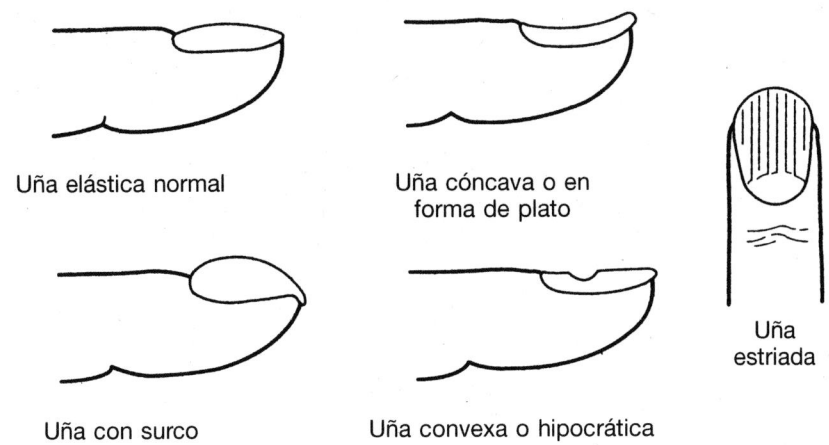

Uña elástica normal

Uña cóncava o en forma de plato

Uña estriada

Uña con surco

Uña convexa o hipocrática

Figura 9

mismo punto, porque una sola marca en el pulgar, por ejemplo, puede haber sido causada por una lesión física, como pillarse el dedo en una puerta o golpéarselo con un martillo.

Las estrías verticales, como costillas que recorren las uñas, son diferentes de los surcos horizontales. Pueden estar vinculadas a problemas de piel, reumáticos o de desequilibrio hormonal.

Ahora observemos la uña de perfil. Lo ideal es que las uñas tengan una apariencia elástica, ligeramente arqueada desde la cutícula hasta la punta, pero muchas veces nos encontramos con una uña que se hunde visiblemente en el medio. Esto se conoce como uña en forma de plato o uña cóncava y es señal de desequilibrios químicos causados por serias deficiencias de nutrición.

La forma contraria es la uña convexa. Aquí la uña se curva claramente hacia abajo y su parte blanca cubre y rodea la punta del dedo. Las uñas convexas generalmente indican problemas respiratorios y son frecuentes en las manos de grandes fumadores. Cuantas más uñas se encuentren afectadas, más seria será la implicación para los pulmones y bronquios.

La uña convexa también se conoce como uña hipocrática, llamada así por el padre griego de la medicina moderna, Hipócrates, que fue el primero en describirla, así como a las condiciones asociadas hacia el año 400 a.C. De hecho, Hipócrates reconoció el valor diagnóstico de la mano y las uñas y utilizó sus observaciones para confirmar sus descubrimientos al tratar pacientes. Él creía especialmente que las uñas reflejan la condición del cuerpo interno.

Las personas que tienen uñas convexas o hipocráticas encuentran conformidad en el hecho de que pueden recuperar la forma normal si las condiciones físicas de la persona mejoran. Bajo circunstancias normales, los grandes fumadores que dejan el hábito pueden esperar que sus uñas distorsionadas recuperen la normalidad en cuestión de pocos años.

El color de las uñas

El tejido de las uñas es traslúcido y el color proviene de la base debajo de ellas. En una mano blanca, esa base debe tener un saludable color rosa, y en una mano negra o asiática debe tener una tonalidad beige o de color caramelo. La decoloración es señal inmediata de que algo va mal en el sistema.

Un color pálido sugiere falta de hierro. Una tonalidad azulada se vincula con desórdenes respiratorios o cardiovasculares. El amarillo puede indicar problemas hepáticos o renales. Y el rojo, o un oscurecimiento del color original puede avisar de problemas circulatorios.

Las manchas también son indicadores de salud. Las manchas blancas, que antes se creía que eran provocadas por la falta de calcio, ahora se consideran señal de desequilibrio de zinc o magnesio. Las rayas blancas horizontales aparecen en una variedad de condiciones y pueden estar vinculadas con deficiencias nutricionales, envenenamiento mineral, fiebre aguda o enfermedad coronaria. Las marcas rojas en las uñas a veces acompañan a una presión arterial alta, mientras que las manchas negras pueden indicar infecciones bacterianas que afectan al corazón.

Las lúnulas

La porción blanquecina semicircular en la base de la uña, conocida como lúnula, es en esencia la raíz de material queratinoso que forma la uña. Lo ideal es que cada uña tenga una lúnula blanca y saludable en la base, pero no siempre es así. Las lúnulas son muy claras en los pulgares y menos evidentes en los meñiques. La falta de lúnulas o la presencia de muy pocas indica una constitución débil y tal vez un tiroides menos activo de lo normal. Unas lúnulas excesivamente grandes sugieren una predisposición a una glándula tiroides demasiado activa. Si las lúnulas están pobremente formadas o teñidas de rojo o azul, la tendencia es hacia desórdenes respiratorios, problemas cardiovasculares o enfermedades cardíacas.

Como sucede con todas las marcas de nuestras manos, aunque heredamos el color, la forma y tamaño de las lúnulas, la mejora de nuestra salud, nuestra visión de la vida y nuestro bienestar general se reflejarán directamente en una mejora del color y de la condición de nuestras uñas.

4

Huellas dactilares.
Nuestras firmas personales

Patrones en los dedos

Con nuestra moderna pasión por las series televisivas sobre policías y detectives, es difícil imaginar una época en la que no se usaban las huellas dactilares, y sin embargo, apenas hace cien años que se descubrió este método de identificación y se aceptó como una herramienta válida de la investigación forense. Actualmente, claro está, todos somos bien conscientes de que nuestros patrones dactilares son exclusivamente personales e indicadores infalibles de nuestra identidad.

Aunque decimos que las huellas dactilares se «descubrieron» a finales del siglo XIX, sería más justo decir que se redescubrieron, ya que la naturaleza individualista de las huellas dactilares aparentemente ya se conocía en el lejano oriente hace miles de años. Descubrimientos arqueológicos en Japón, por ejemplo, incluyen fragmentos de cerámica prehistórica con huellas de pulgares que servían como marca de identificación del ceramista. En la India, también, hay registros que muestran que durante cientos de años era práctica común que las personas analfabetas «firmaran» los documentos oficiales con una huella del pulgar mojado en tinta. Y en la antigua China los emperadores usaban la huella de su pulgar como sello personal en los documentos estatales ya en el año 3000 a.C.

Parece un gran descuido haber perdido una información tan valiosa en los cinco mil años que han pasado desde entonces, pero no fue hasta la época victoriana que todas las pistas se volvieron a reunir y se estableció un sistema que iba a revolucionar el trabajo de la policía de todo el mundo. Desde entonces, el interés por las huellas dactilares ha crecido, especialmente entre los investigadores médicos que han realizado estudios pioneros que vinculan estos patrones con nuestra salud. El nombre científico del estudio de las huellas dactilares es dermatoglíficos, palabra de origen griego formada por *derma*, que significa piel, y *glyph*, que significa tallar. La expresión describe adecuadamente la apariencia rayada de la formación de estrías y surcos de la piel que cubre la palma y los dedos de la mano. Por cierto, esta clase de piel es muy especial por varias razones y sólo se encuentra en la parte inferior de la mano y las plantas de los pies. Es más gruesa y dura que la piel que cubre el resto del cuerpo, nos permite pinzar y agarrar, y tiene propiedades de resistencia al calor que nos permite manipular objetos relativamente calientes. También contiene un vasto número de terminaciones nerviosas, lo que nos da sensibilidad táctil y convierte la palma de la mano en un buen registro donde dejar marcados nuestros impulsos nerviosos.

Nuestros patrones dactilares están formados por estas estrías y surcos, que se arremolinan en varios patrones en la punta de los dedos y también en la superficie de las palmas. Observe su propia mano, especialmente la parte superior entre las raíces de los dedos y probablemente encontrará marcas especiales.

Como se explica en la Introducción, los patrones dactilares se forman durante los primeros meses de desarrollo fetal. Heredamos los patrones de nuestros padres (son similares pero nunca idénticos) y si investigamos un poco entre nuestros parientes, podremos descubrir quién ha heredado qué patrón de quién. La investigación científica ha demostrado que cualquier defecto cromosómico o congénito presente en esta fase del crecimiento fetal queda estampado en los patrones, que se convierten en huellas inusuales o anormales. Estudios recientes, por ejemplo, han confirmado la relación entre ciertos tipos de patrones dactilares y una predisposición hereditaria a tener desórdenes circulatorios y problemas cardiacos.

La investigación de dermatoglifos es un campo fascinante. Es de esperar que los científicos seguirán descubriendo correlaciones entre nuestras marcas y nuestra susceptibilidad a las enfermedades, para que las huellas dactilares sean tan importantes para el diagnóstico clínico como lo son para la identificación forense.

Aunque estos descubrimientos médicos son «nuevos» para la sociedad moderna, el vínculo entre salud y patrones dactilares ya era conocido por los antiguos médicos y los quirománticos desde hace miles de años. Históricamente, las comadronas inspeccionaban de forma rutinaria las manos de los recién nacidos para detectar marcas desconocidas que indicaran anormalidades.

Marcas de identidad únicas e invariables

Hay tres categorías básicas de huellas:

- Arco.

- Semicírculo.

- Círculo (puede ser concéntrico o en espiral).

Con algunas variaciones de estas categorías, en realidad se pueden identificar seis patrones principales de huellas dactilares (ver Figura 10). Las otras tres categorías son:

- Arco arciforme.

- Compuesto.

- Ojo de pavo real.

No hay dos patrones que sean iguales, ni siquiera entre gemelos idénticos.

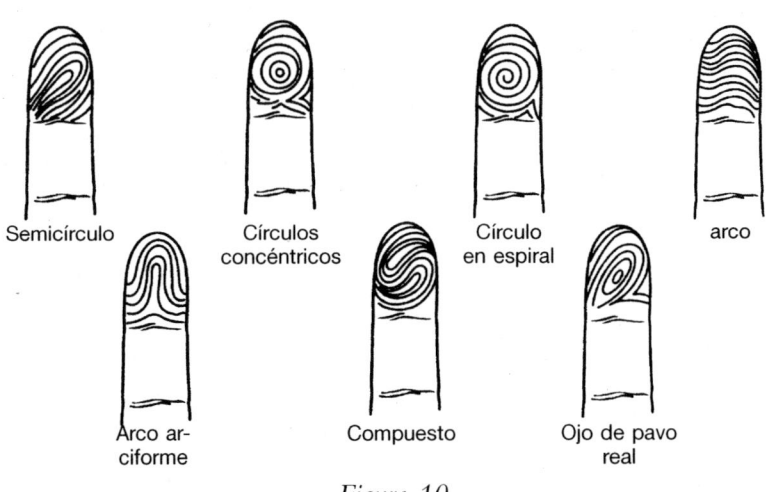

Semicírculo   Círculos concéntricos   Círculo en espiral   arco

Arco arciforme   Compuesto   Ojo de pavo real

Figura 10

Aunque las líneas de las palmas de la mano pueden cambiar a lo largo de nuestras vidas (y de hecho, cambian), nuestras huellas dactilares no cambian nunca. Se hacen más grandes a medida que crecemos, pero el patrón sigue siendo el mismo. Aunque nos quemáramos las yemas de los dedos o nos cortáramos la piel, cuando la herida se cura el patrón volverá a ser el mismo como por arte de magia.

Patrones de las yemas de los dedos

Distinguir los dibujos pailares que tenemos en las yemas de los dedos puede ser difícil y probablemente necesitaremos una luz potente y una lupa. Lo mejor es tomar una impronta o huella, proceso que se describe en las páginas 141-143. Una alternativa es usar una almohadilla para sellos, pero el problema está en la dificultad de sacarse luego la tinta de las manos. Estas almohadillas usan un tipo de tinta que sólo se va con un disolvente especial, no es como la tinta soluble en agua que usan las linotipos y que es la que se aconseja para tomar huellas de las manos. De todos modos, la almohadilla de tinta es un método rápido y sencillo.

Coloque una hoja de papel en blanco muy cerca del borde de una mesa, de modo que pueda apoyar el largo total del dedo en la mesa mientras que el resto de la mano queda fuera, porque así será más fácil. Moje bien primero la yema del dedo en la almohadilla y luego apóyela con firmeza sobre el papel, haciendo girar el dedo primero hacia un lado y luego hacia el otro en un solo movimiento, para evitar los borrones.

Sus huellas personales

Recuerde que cada una de sus huellas es completamente única, por más que se parezcan entre ellas. No debe esperar encontrar necesariamente el mismo dibujo en los diez dedos; aunque es posible, lo más probable es que casi siempre encuentre una mezcla de dibujos. A veces en una mano prevalece un determinado tipo de dibujo y en la otra uno completamente diferente, aunque también es posible que nos encontremos con una selección al azar.

Si entre ambas manos usted tiene seis o más dedos con el mismo dibujo papilar, ése será el patrón predominante que mejor describa su carácter, disposición, temperamento emocional y tendencias de salud heredadas, pero si tiene una verdadera mezcla de patrones, la descripción correspondiente a cada categoría considera cada dígito de forma individual, de modo que se puede descifrar lo que el patrón que aparezca en cada uno de sus dedos significa realmente.

Círculos

Dado que el dibujo parece representar remolinos, los círculos son fáciles de ver. Las dos formas que presentan, anillos concéntricos y espirales, tienen significados parecidos. Es el patrón más individualista de todos. Las personas que presentan una mayoría de círculos están encerradas en sus ideas y tienen muchas dificultades para cambiar sus opiniones y puntos de vista. Son personas que necesitan tiempo para procesar la información, así que nunca hay que esperar una respuesta rápida de estos individuos, sino respetar su necesidad de reflexionar con tranquilidad, porque cuando sea el momento darán su respuesta.

Los círculos en el pulgar y el índice revelan la necesidad de tener el control en el trabajo (si pertenecen a la mano derecha o dominante) o en casa (si aparecen en la mano izquierda o pasiva). A nadie le gusta que le digan lo que tiene que hacer, pero las personas que tienen un dibujo papilar en círculos en cualquiera de sus dedos lo aceptan menos que nadie.

En el dedo anular, este patrón muestra un lado artístico y apreciación por la creatividad. En el dedo meñique denota pensadores callados y profundos, personas a las que les gusta conocer los hechos antes de participar en una conversación. Pero si el tema de conversación es de su agrado, es casi imposible hacerlos callar. De todos modos, pocas veces aparecen los círculos en meñiques o medios, excepto cuando forman parte de todo un conjunto.

Semicírculos

El semicírculo es el patrón más corriente de la yema de los dedos y representa una naturaleza flexible, adaptable y versátil. Las personas con este tipo de dibujo papilar son abiertas mentalmente y de carácter tolerante; necesitan una gran variedad de intereses para sentirse estimuladas en su vida diaria. Una existencia repetitiva no es para estas personas, ya que necesitan cambios constantes de actividad y disfrutan con los retos y oportunidades.

Los poseedores de semicírculos en sus huellas dactilares son excelentes comunicadores y están en su salsa cuando tienen que trabajar o tratar con otras personas. El entorno donde mejor se sienten es aquél donde hay un intercambio libre de ideas, noticias e impresiones, donde tienen que pensar por sí mismos y en el que constantemente tienen que estar un paso por delante de la situación. Cualquiera que sea el dedo en el que aparezca, el dibujo de semicírculos es la marca de la creatividad. Indica un enfoque abierto y responsable, pero sobre todo indica pasión por las ideas nuevas.

Arcos

El arco denota una actitud vital práctica, sensata y realista. Las personas con este patrón se describen como la sal de la tierra, siempre dispuestas a ayudar a los demás y a intervenir cuando haga falta. Firmes realistas, no son individuos dados a dejar volar la imaginación y su conversación generalmente se basa en cuestiones diarias o temas concretos y materiales. Tienen mucho sentido común, se puede confiar en ellos plenamente y como tales, tienden a atraer a personas con problemas que los encuentran como el hombro perfecto sobre el que llorar. Pero cuando se trata de sus propios problemas, las personas con huellas dactilares en arcos a menudo encuentran difícil expresar sus sentimiento más profundos en palabras y pueden correr el peligro de reprimir sus emociones.

Esto es más evidente en aquellas personas que tienen el patrón en arcos en el pulgar y los dos primeros dedos. Dichas personas deberían buscar otras maneras de expresar sus sentimientos, tal vez escribiendo o llevando un diario. Las actividades creativas tales como la pintura o las manualidades o los programas prácticos y constructivos también pueden ser inmensamente terapéuticos para estas personas.

Arcos arciformes

Los arcos arciformes se parecen mucho a un arco ordinario, excepto que presentan lo que parece ser un poste que aguanta verticalmente el centro de la figura. Este dibujo normalmente se encuentra sólo en el índice y el dedo medio, muy raramente en el anular y casi nunca en el pulgar o el meñique. Cuando está presente, denota entusiasmo y la necesidad de nuevos retos. Si un nuevo interés se apodera de su imaginación, las personas con este patrón se implican en él con fervor e intensidad. Su vida les parecería muy monótona si no estuvieran ocupados constantemente.

Un arco arciforme en el dedo medio destaca a fieles seguidores de una opción religiosa o una ideología, dado que ésta es la señal de un gran idealista. Si aparece en el dedo anular, indica talento musical o tendencia creativa.

Compuestos

Estos dibujos parecen dos semicírculos entrelazados estirándose en direcciones opuestas; con frecuencia parecen la letra S. Es raro encontrar este patrón en otros dedos que no sean el pulgar o el índice. Demuestra capacidad de apreciar todos los puntos de vista y todos los lados de un problema. Para cualquier ocupación en la que sea necesario comprender una situación desde todos los ángulos, este patrón es una clara ventaja. Jueces, abogados y profesores, por ejemplo, se beneficiarían de tener este dibujo papilar en las yemas de sus dedos.

Sin embargo, en situaciones en las que se tengan que tomar importantes decisiones personales, este patrón puede ser una clara desventaja. A las personas que lo tienen les cuesta mucho decidirse, tienden a hacer sus dudas eternas, dándole vueltas a las circunstancias y analizando la situación desde todos los puntos de vista, hasta que acaban completamente confusos. «¿Lo hago o no lo hago? Pero… ¿y si pasa tal cosa?» Éste es el tipo de preguntas que los poseedores de dibujos papilares compuestos se hacen continuamente. La mejor manera de hacerle frente a esta confusión es simplemente guiarse por la intuición personal.

El ojo del pavo real

Se le llama patrón o dibujo compuesto porque consiste de un pequeño círculo rodeado por un semicírculo que parece una pluma de la cola de un pavo real, de donde toma su nombre. Sería extremadamente raro encontrar todo un conjunto de este patrón, que generalmente aparece sólo en las yemas del tercer y cuarto dedo, y aún así muy pocas veces. Representa el sentido de la preservación, especialmente en situaciones peligrosas o circunstancias arriesgadas. Este dibujo se ha encontrado en sobrevivientes, personas que han estado al borde de la muerte o que han sido rescatados contra todo pronóstico. Por ejemplo, alguien rescatado del techo de un edificio en llamas es el tipo de suerte que se asocia con esta marca dactilar. Ciertamente parece dar buena suerte a los afortunados que pueden contarla entre sus huellas digitales.

Patrones de la palma

En la superficie palmar también se pueden encontrar marcas semejantes a las que hay en las yemas de los dedos. La parte superior de la palma, justo debajo de los dedos, es un buen lugar donde encontrarlas, así como los montes de Venus y de la Luna. Pero aunque todas las palmas están cubiertas por el tipo de piel de estrías y surcos, no todo el mundo posee patrones claros. Cuando las marcas no se pueden discernir con claridad, el sistema de estrías y surcos se llama de «campo abierto».

Cuando aparecen dibujos en la palma de la mano, normalmente son semicírculos. A veces se da algún círculo, pero muy pocas. La Figura 11 ilustra la posición de los dibujos palmares pero no espere encontrarlos todos en su propia mano o en las manos de sus conocidos, porque algunas de estas marcas son bastante raras y escasas.

El semicírculo del humor

Como su nombre indica, tener este patrón significa que su poseedor puede ver el lado divertido de la vida (Figura 11-a). Se le vincula al sentido del humor, generalmente festivo y sesgado. Si usted tiene esta marca, se ve favorecido por una disposición animosa y la capacidad de reírse de sí mismo y de sus errores.

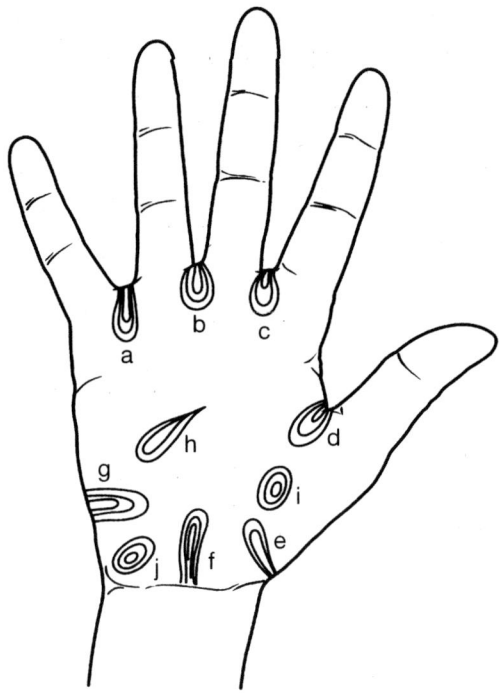

Figura 11

El semicírculo de la vocación

Conocido también como el semicírculo del intento serio, este patrón denota dedicación al trabajo personal y a la causa de la humanidad (b). Si este patrón aparece en su palma, usted probablemente se siente atraído por el trabajo vocacional de atención a los demás. Su vida tiene el impulso de un propósito, generalmente dirigido a mejorar a la humanidad en sí.

El semicírculo del rajá

Esta marca es poco frecuente pero se encuentra en personas que poseen excelentes capacidades directivas o ejecutivas (c). Toma su nombre de la tradición de la quiromancia hindú que veía esta marca como indicadora de descendencia real. Actualmente no es tan fácil volver atrás en el linaje de una persona hasta llegar a un gobernante o un jefe de clan, así que no siempre podemos demostrar esta regla. De todos modos, sea cierto o no que usted desciende de cuna noble, si tiene esta marca es señal de que posee cualidades de liderazgo.

El semicírculo del valor

Otra vez estamos ante una marca poco frecuente, pero si la tiene, indica que usted mismo es una persona valiente o que encuentra inspiración en el valor (d). Es un patrón que a veces se ve en las manos de personas que desarrollan carreras en las fuerzas armadas o que han sido condecoradas por acciones valerosas.

El semicírculo de la música

Situada en el monte de Venus, esta marca se vincula con la pasión por la música, especialmente del tipo marcial o de la tocada por los cobres (e).

El semicírculo de la inspiración

De todos los patrones, éste es el más raro y existe sólo en un porcentaje muy pequeño de manos (f). Revela delicadas capacidades de inspiración o creatividad, y como tal puede ser la señal de un artista o un poeta. Además, las facultades imaginativas e intuitivas pueden estar especialmente bien desarrolladas.

El semicírculo de la naturaleza

Esta marca representa una relación fácil con el mundo vegetal o animal (g). Agricultores, jardineros, horticultores, veterinarios y conservacionistas son la clase de persona que pueden presentar esta marca en sus manos.

El semicírculo del agua

Este patrón, que no es tan inusual, indica afinidad con el agua (h). Tener este tipo de marca sugiere que la persona se siente atraída por el agua, ya sea viviendo al costado de un río o del mar o disfrutando de los deportes acuáticos de toda clase. Esta marca nos dice que quien la posee considera que estar cerca del agua resulta muy terapéutico.

Círculos en el monte de Venus

Es raro encontrar círculos en la palma de la mano y éste es el más raro de todos (i). Es una marca pequeña, muy peculiar, más oval que redonda y lineal más que en espiral o en anillos concéntricos. Es señal de talento y apreciación musical.

Círculos en el monte de la Luna

Un círculo en esta zona significa una imaginación intensificada y una capacidad dramática destacada (j). Como tal, resulta muy beneficiosa si aparece en las manos de escritores, artistas y actores. Un patrón compuesto aquí tendría cualidades similares, pero su dueño no estaría seguro de cómo aplicar sus talentos o de qué dirección tomar en la vida.

5

Leer las líneas

LAS LÍNEAS DE LAS PALMAS de las manos son una fuente de información fabulosamente rica sobre usted y su vida. La presencia, longitud
y construcción de cada línea proporcionará valiosos datos sobre su
disposición, sus puntos débiles y fuertes. Estas líneas siguen su desarrollo
desde la infancia hasta la madurez, registrando los sucesos que le han
afectado en el pasado y que han marcado su vida hasta ahora. Y si
sabe buscar, le darán una visión del futuro, mostrándole las tendencias
e influencias que probablemente le afectarán en los años venideros.

Líneas que cambian

Aunque nacemos con las líneas ya formadas, esto no significa que per-
manezcan necesariamente estáticas a lo largo de nuestra vida. De
hecho, nuestras líneas pueden hacerse más largas o reducirse, ensancharse,
hacerse más hondas, desarrollar nuevas marcas, romperse y ocasionalmente
incluso desaparecer. Nuestras líneas siguen nuestros avances y cambian a
medida que nosotros cambiamos, dejando registro de nuestro desarrollo.

Es importante tener esto presente, porque significa que tenemos
el poder de intervenir, de tomar medidas preventivas y cambiar el
curso de nuestro avance si en las líneas detectamos algo que no nos
conviene indicado para el futuro. Se trata bastante del dicho «el que
avisa no es traidor», que cobra particular relevancia cuando las señales
predicen disturbios emocionales o problemas de salud. Cambiando
nuestra perspectiva, nuestra dieta y nuestra forma de vida es posible
cambiar el resultado de hechos relacionados con nuestra vida. Del
mismo modo, marcas que indican un futuro positivo pueden servir de

aliento, moviéndonos a actuar y preparándonos para las oportunidades que probablemente aparecerán en nuestro camino.

Manos llenas y vacías

Si empezamos a mirar las manos de distintas personas, veremos que algunas son bastante claras porque sólo muestran unas cuantas líneas principales, mientras que otras palmas están tan llenas de líneas que parecen cubiertas por cordeles enredados. La Figura 12 muestra las diferencias entre ambos tipos de manos.

Cuantas más líneas haya en la palma, más sensible será la persona. Una verdadera tela de araña de líneas sugiere una naturaleza muy tensa y un sistema nervioso sobrecargado. Las personas que tienen palmas muy cubiertas de líneas realmente necesitan aprender a ir más despacio, a establecer un entorno lo más tranquilo posible a su alrededor, y a descansar y relajarse todo lo más que puedan.

Una palma con pocas líneas, especialmente si son claras y están bien dibujadas, denota un sistema nervioso estable y calmado. Los poseedores de manos así tienden a ser sanos y robustos, aunque pueden tener falta de comprensión hacia otras personas que son más vulnerables o sensibles.

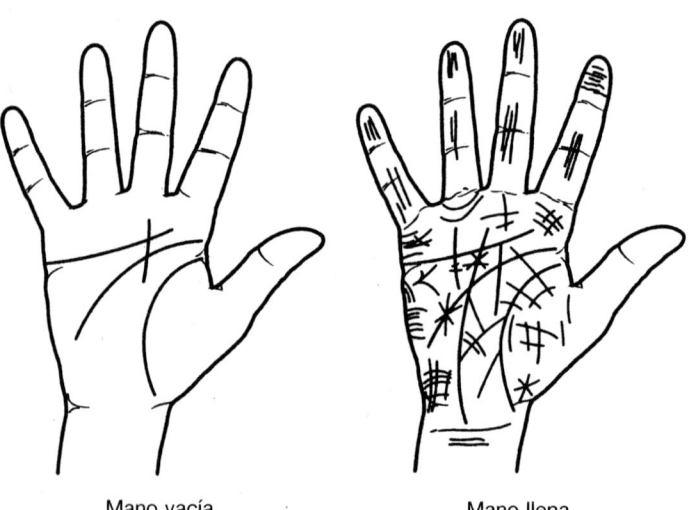

Mano vacía   Mano llena

Figura 12

Errores comunes

Algunas personas creen que las líneas que tenemos en las palmas de las manos están allí para facilitar el movimiento, que simplemente son dobleces que nos permiten abrir y cerrar las manos. Si fuera así de sencillo, nos podríamos preguntar por qué todas las manos son diferentes, si todos los seres humanos realizan funciones y acciones básicamente similares.

Tal vez, entonces, la cuestión sería que los dobleces se desarrollan según nuestra forma de usar las manos en el trabajo, que sin duda es la actividad que ocupa más horas de las que estamos despiertos. Los sastres, por ejemplo, usan las manos de manera muy diferente a los informáticos, y los albañiles realizan movimientos con las manos que son muy distintos a los movimientos de los cirujanos. Y sin embargo, las manos de dos sastres no son iguales, como tampoco lo son las marcas que aparecen en las palmas de los informáticos, albañiles, cirujanos o cualquier otra profesión que se nos ocurra nombrar. Si lo fueran, sería muy fácil identificar las ocupaciones o profesiones de la gente simplemente mirándole las manos.

El hecho de que esto no sea posible, que dos personas que realizan el mismo tipo de trabajo o llevan el mismo estilo de vida no tienen marcas idénticas seguramente confirma que las líneas que tenemos en las palmas no se forman por el uso que hacemos de las manos.

Canales de energía

Piense en sus manos como una gran extensión de tierra y en las líneas como ríos que la cruzan. Cuanto más profundo sea el cauce del río, mayor volumen de agua transportará y más rápido correrá. Un lecho fluvial llano producirá una energía menos potente y un embalse impedirá el flujo del río o incluso lo cortará. Pequeños afluentes o riachuelos recogerán parte de la energía principal y la canalizarán hacia otras áreas. Y si hay una isla de por medio, el río se verá obligado a partirse en dos para bordearla.

Al igual que los ríos, las líneas de las manos actúan como canales de energía. Las líneas claras y profundas muestran que hay mucha fuerza fluyendo por ellas, mientras que las líneas menos marcadas sugieren un flujo más suave, o tal vez no tan abundante. Las marcas en las líneas afectan el suave paso de la energía y representan obstáculos, dificultades u obstrucciones en la vida real que detienen o demoran nuestro progreso (ver Figura 13, que ilustra los distintos tipos de marcas).

Las ramas que irradian a partir de una línea principal denotan influencias positivas o negativas, según su posición y la dirección que toman. En algunos casos se consideran negativas porque le quitan energía a la corriente principal; en otros casos, pueden aportar una energía positiva a un área particular, del mismo modo que un afluente irriga la tierra de los alrededores. Cuando hay islas, en cambio, siempre se consideran una señal negativa porque dividen en dos (y por lo tanto debilitan) la energía que pasa por la línea.

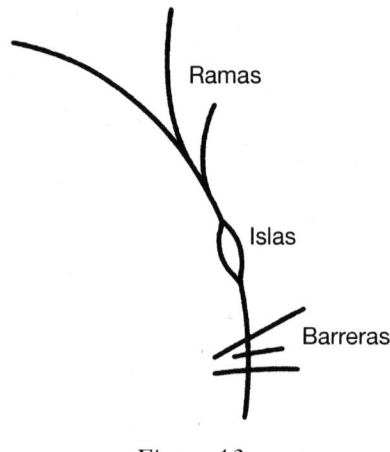

Figura 13

Es considerando las líneas como transportadoras de energía y examinándolas con detenimiento como usted podrá reconocer las pistas que representan los hechos destacados de su vida.

Presentación de las líneas

Desde la antigüedad, las líneas más importantes son la línea de la cabeza, la línea de la vida, la línea del corazón, la del destino y la del sol o de Apolo (ver Figura 14). Fueron los primeros quirománticos los que pusieron nombre a las líneas, porque reconocieron un vínculo físico o mental entre cada línea y la correspondiente área anatómica que representa.

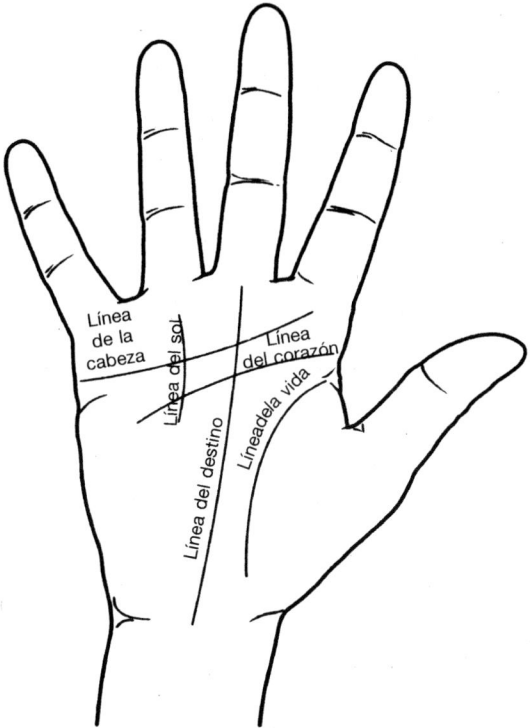

Figura 14

La línea de la cabeza

A nivel físico, la línea de la cabeza representa la cabeza, el cerebro y los nervios craneales, mientras que psicológicamente simboliza nuestras capacidades mentales, cómo pensamos y cómo vemos el mundo. Se lee a partir del lado del pulgar hacia el borde de percusión.

La línea de la vida

Esta línea representa nuestra calidad de vida. En ella hay un registro tanto de la buena salud como de los percances físicos, así como de nuestro sentido de bienestar. Esta línea se lee hacia abajo, desde su comienzo entre el índice y el pulgar hasta donde acaba, cerca de la muñeca.

La línea del corazón

Corresponde al corazón en sí, la circulación sanguínea y el sistema cardiovascular. También refleja nuestras emociones y revela nuestra forma de relacionarnos con los demás. La línea del corazón se lee desde su borde exterior hacia el pulgar.

La línea del destino

Transcurre verticalmente a través del centro de la palma y se puede comparar con la columna vertebral; representa nuestro sentido del deber y la responsabilidad. También dibuja nuestra carrera y nuestro avance en la vida: se detiene, se quiebra, cambia de dirección, se hace más ancha o más estrecha para reflejar los cambios que tienen lugar en nuestras propias circunstancias personales. La línea del destino se eleva de forma vertical, o casi vertical, en el medio de la palma de la mano. A veces parece un solo canal, pero frecuentemente se encuentra en segmentos o fragmentos. En su forma ideal sube desde la muñeca hacia los dedos y se lee hacia arriba, desde la base hasta la parte superior de la palma.

La línea del sol o de Apolo

Esta línea actúa como respaldo de la línea del destino y refleja nuestro sentido de satisfacción en la vida. También es la marca de la suerte y la gloria que podemos disfrutar y como tal se dice que representa nuestra fama y nuestra fortuna. Al igual que la línea del destino, la línea del sol también transcurre en vertical pero no comienza hasta bastante más arriba en la palma. Cualquiera que sea el lugar donde aparezca, también se lee de abajo hacia arriba.

6

La línea de la cabeza.
Punto psicológico clave de la mano

D E LAS CINCO LÍNEAS MÁS PROMINENTES de la palma de la mano, la línea de la cabeza se considera la más importante porque refleja nuestra conciencia psicológica y representa nuestra mentalidad. En pocas palabras, revela nuestra capacidad intelectual, nuestras aptitudes y habilidades mentales y también cuáles son nuestros intereses.

Cualquier marca en esta línea corresponderá directamente a hechos que afectan intelectual y psicológicamente. Una línea de la cabeza fuerte, profunda y sin interrupción indica un buen intelecto y se encuentra en la palma de un individuo con fuerza de mente y capacidad mental para solucionar los problemas diarios. Por el contrario, una línea menos profunda, poco marcada o deteriorada sugiere una mentalidad más debil y una incapacidad para concentrarse durante largos períodos.

La línea de la cabeza es una de las más fáciles para determinar momentos, y con un poco de práctica se sorpenderá por la rapidez y la exactitud con la que puede interpretar marcas y otras características importantes, en especial las que representan futuras tendencias.

Cómo localizar la línea de la cabeza

Contando a partir de los dedos, la línea de la cabeza será la segunda arruga horizontal que encuentra atravesando la palma de la mano. En muy pocas excepciones habrá una única línea horizontal que parece dividir la mano en dos. Se conoce como la línea simiesca y se explica más abajo.

Desde su comienzo en el borde de la mano entre la base del índice y el pulgar, la línea de la cabeza recorre la palma y se dirige hacia el lado opuesto de la mano, en línea recta o en una curva flexible.

Seguir el curso de belleza

Siga la línea de la cabeza desde el comienzo hasta donde acaba. ¿Es tan recta que casi podría haberla dibujado con una regla, o es curvada? Ésta es la primera y fundamental observación que hay que hacer con respecto a la línea de la cabeza. Separa a los que son científicos y/o prácticas de los que son creativos y/o artísticos. En cuestiones relacionadas con orientación profesional, primero hay que mirar esta línea para establecer si es recta o curva (ver Figura 15).

Una línea de la cabeza recta denota una mente lógica, racional y analítica y se asocia con una forma de pensar convergente (a). Si usted tiene una línea así, su punto de vista es práctico y sus intereses tienden hacia cuestiones científicas, matemáticas, comerciales o tecnológicas.

Una línea de la cabeza curva indica una mentalidad creativa e imaginativa, y tiende a describir a un pensador divergente (b). Las artes,

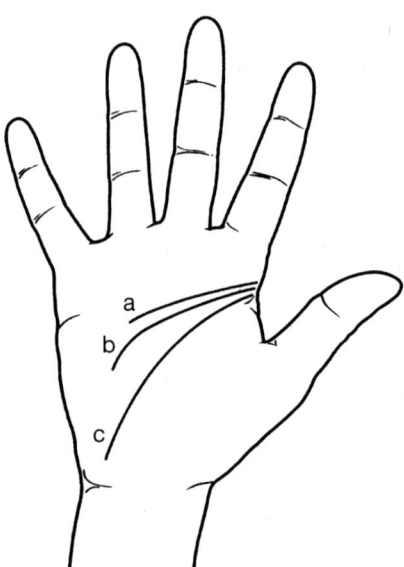

Figura 15

los idiomas y las comunicaciones le atraerán si usted tiene este tipo de línea. Si su línea ligeramente curvada acaba a mitad de camino de la palma, cerca del borde de percusión, se sentirá inclinado hacia las ciencias más suaves, como la psicología, la historia o la literatura. Con esta forma de línea de la cabeza, a usted se le clasificaría como «orientado hacia las personas».

A veces una línea de la cabeza curvada puede ser más larga, llegando casi hasta la muñeca (c). Una línea así denota una mentalidad destacadamente imaginativa, pero también indica una persona propensa a cambios de humor. Una imaginación tan fértil como describe esta línea necesita estar cuidadosamente enfocada y canalizada hacia fines creativos para evitar así los pensamientos negativos.

Líneas de la cabeza que se bifurcan

En ocasiones la línea de la cabeza se bifurca a la altura del dedo anular (ver Figura 16). Esta formación se conoce como la bifurcación del escritor y como su nombre indica, es señal de talento literario. Sin embargo, no todos los que se ganan la vida escribiendo tienen esta característica, ni la presencia de esta bifurcación garantiza que su dueño tenga éxito en esa actividad. Pero en términos generales, esta formación en la línea de la cabeza sí que denota una mentalidad fuertemente creativa que podría encontrar salida en las artes.

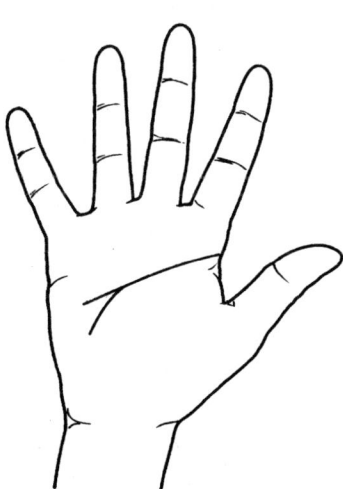

Figura 16

Una línea que se bifurca más hacia el final, de modo que apunta hacia arriba en dirección del meñique, revela que su dueño tiene buena cabeza para los negocios. Si usted posee esta característica, probablemente tiene cualidades ejecutivas o una aptitud especial para trabajar con dinero, y dirigir su propio negocio le resultaría particularmente satisfactorio.

La línea simiesca

Esta extraña forma se da cuando la línea de la cabeza y la línea del corazón se funden en una sola línea que va de lado a lado de la mano, aproximadamente en el primer tercio de la palma (ver Figura 17). En algunos casos salen dos ramas de la línea simiesca, una que apunta hacia el índice y otra que se inclina hacia la muñeca. Estas dos líneas constituyen las colas de las líneas del corazón y la cabeza.

Cuando se da la línea simiesca, hay que pensar en «intensidad», porque los dueños de esta marca nunca hacen nada por la mitad. Poseen una fuerte capacidad de concentración y un formidable sentido del propósito y una vez que se han decidido por una acción en determinada dirección, no toleran oposición. En el trabajo o en la diversión, ponen el cien por ciento de esfuerzo en la tarea que realizan y exigen que los demás hagan lo mismo. En general, son mentalmente dominantes y, emocionalmente, personas del todo o nada. La intensidad de estas

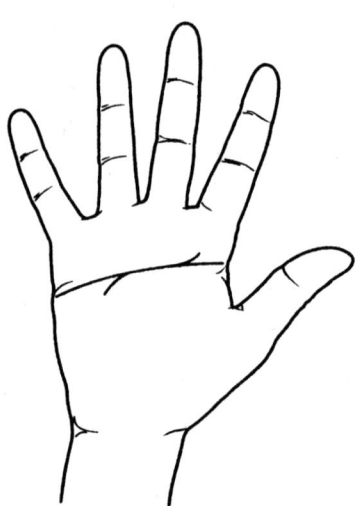

Figura 17

características se reduce considerablemente cuando aparecen las dos ramas y sus dueños no se sienten obligados a tener siempre el control.

Aunque la línea simiesca es natural en un pequeño porcentaje de manos normales, se vincula más comúnmente con el síndrome de Down. Cuando aparece como parte de esa condición, será una característica más entre otras marcas significativas de anormalidad que le dan a la mano un aspecto inusual que se reconoce inmediatamente.

Tiempo y sucesos

Tomando en consideración la calidad de su línea (si es débil o robusta) y juzgando por su forma (si es recta o curvada) podrá tener una impresión general de su fuerza y orientación psicológica. Deberá concentrarse en la línea y examinarla detenidamente, milímetro a milímetro, para descubrir cualquier marca que pueda proporcionarle pistas sobre los sucesos que influyeron en su pensamiento en el pasado y detectar las tendencias que podrían confirmarse en el futuro.

El siguiente paso, entonces, es aprender a señalar el tiempo en la línea y saber qué tipo de marcas hay que buscar. Aunque es posible aplicar la medición del tiempo en una mano en vivo, en este caso tal vez sea mejor trabajar con una impronta de la mano, o una fotocopia, que

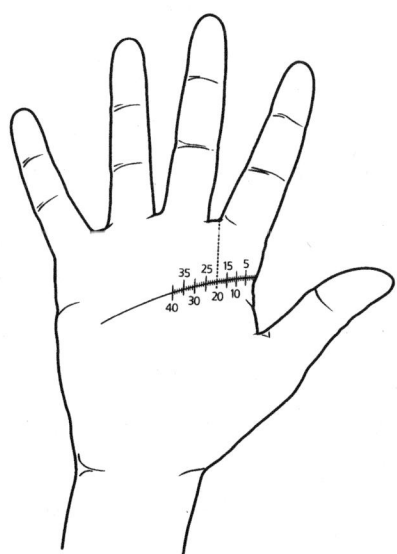

Figura 18

debe ser clara y precisa. Las instrucciones para tomar huellas palmares aparecen en las páginas 141-143.

El tiempo en la línea de la cabeza

Medir el tiempo en cualquiera de las líneas puede ser difícil porque entre las manos hay una gran variedad de formas y tamaños, largos y anchos. Pero hay un método que con un poco de práctica y otro poco de ajuste para adecuarse a cada mano puede dar resultados muy satisfactorios. La Figura 18 ilustra una línea de la cabeza marcada con las medidas del tiempo.

Con un lápiz afilado trace una línea vertical desde el lado interior del índice hasta cruzar la línea de la cabeza. Marque este punto en la línea de la cabeza. Representa aproximadamente veinte años de edad. Partiendo de este punto y en dirección al canto de la mano, marque la línea en milímetros. Cada milímetro cubre aproximadamente un año, o sea que a cinco milímetros a partir de la marca de los veinte años estará el punto de los veinticinco años, a diez milímetros el punto de los treinta años y así sucesivamente.

Del mismo modo se puede ir haciendo las marcas hacia atrás, en dirección al pulgar. Esto le permitirá descubrir marcas de sucesos que ocurrieron durante su infancia y adolescencia.

Si está trabajando con la mano de otra persona, confirme que las marcas son correctas contrastándolas con algún hecho ya ocurrido que aparezca indicado y corroborándolo con el dueño de la mano. No tenga miedo de pedir confirmación de este modo, porque incluso los más afamados analistas de manos lo hacen para asegurarse de que están midiendo el tiempo correctamente, y en esta etapa se pueden hacer los ajustes necesarios. Un examen aprobado o un ascenso en el trabajo, por ejemplo, son sucesos registrados en la línea de la cabeza que se pueden usar para corroborar la medición del tiempo.

Un milímetro por año

En el análisis de la mano no se puede pretender marcar el día exacto que algo ocurrió, ni siquiera el mes, pero sí que se puede indicar el año, incluso el semestre. Recuerde que se está trabajando con medidas de un milímetro o menos, por lo que un año de tiempo real puede estar representado en una línea por apenas un punto hecho con un lápiz.

Largo y longevidad

Por favor, tenga presente que el largo de una línea no corresponde a la duración de la vida de la persona en cuestión, por más que las leyendas populares digan lo contrario. Una línea de la cabeza que según sus cálculos acaba a los cuarenta y cinco años, por ejemplo, no significa que la persona se vaya a morir a esa edad. En todo caso, una línea de la cabeza corta, especialmente si es de fuerte construcción, habla de una persona seria, práctica, con un claro y lógico sentido de la realidad. En un caso así, los hechos que suceden después del final de la línea quedan registrados en otro lugar de la mano.

Los hechos marcados

Las marcas en la línea señalan hechos a los que se puede asignar un momento. La Figura 19 ilustra las distintas marcas que se pueden encontrar en esta línea.

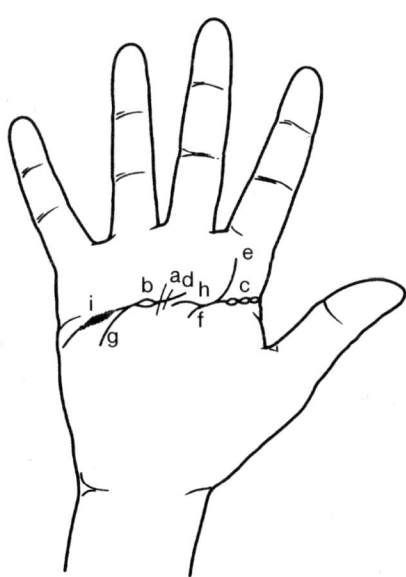

Figura 19

Barras

Las pequeñas líneas o barras que cruzan la línea de la cabeza son señal de obstáculos u obstrucciones que crean una frustración o una preocupación temporal (a). Por ejemplo, no aprobar un examen que hubiera significado mejores cualificaciones y hubiera aumentado las posibilidades de ascenso puede aparecer marcado de este modo. Las barras generalmente son líneas muy cortas que no deben confundirse con cualquiera de las líneas importantes, como la del destino o el sol, que también cruzan la línea de la cabeza en su viaje hacia la parte superior de la palma.

Islas

Una isla parece una burbuja en la línea (b) y se forma por la separación de la línea y su nueva unión un poco más abajo. Dado que una línea simboliza un canal de energía, una división de esa línea debilitará la señal que representa. Esta formación puede tener una base psicológica o una causa física, puesta en marcha por un desequilibrio químico u hormonal del cuerpo. Cualquiera que sea la causa, el resultado será una época de ideas confusas, mente obnubilada e incapacidad de tomar decisiones claras. Mientras dure la isla, su dueño probablemente experimentará una corriente de preocupaciones y ansiedad y describirá todo ese período como caracterizado por una clara falta de dirección.

Las islas se pueden ubicar en el tiempo con facilidad, por lo que también es fácil conocer su aparición, duración y final. Si usted ve en su propia mano una isla que aparecerá en un determinado momento del futuro, hay varias estrategias que le pueden ayudar a preparar sus defensas o a dar un rodeo al hecho en sí. Por ejemplo, puede hacerse una revisión médica y prestar especial atención a su insumo de nutrientes. Reforzar su sistema inmunológico ciertamente sería una ventaja y mantenerse mentalmente en forma, con muchos intereses para estimular la mente, tiene una acción reforzadora del intelecto. Pero aún hay más formas de prepararse para pasar por el período de una isla: relajarse regularmente, evitar sustancias dañinas, solicitar atención médica a tiempo, hacer planes importantes, equilibrar las financias y, en general, dirigir la vida positivamente. A veces, si la acción evasiva se realiza con la suficiente antelación, la isla puede desaparecer mucho antes de lo previsto.

Cadenas

Una línea de la cabeza con un dibujo de cadenas sugiere que la química del sistema está desordenada (c). Cansancio, baja concentración, falta de entusiasmo y dificultad para tomar decisiones son aspectos que a menudo acompañan a esta formación. Las personas con una línea de la cabeza con cadenas deben evitar especialmente las situaciones tensas y se les aconseja no aceptar demasiadas responsabilidades. Los buenos consejos nutricionales y el equilibrio de las necesidades de vitaminas y minerales del cuerpo ayudan a reforzar esta línea.

Rupturas

Una ruptura de la línea revela un cambio importante de actitud, tal vez una nueva conciencia o una completa reorientación mental o psicológica (d). La entrada en una nueva religión o el cambio a un estilo de vida diferente pueden aparecer marcados de este modo.

Ramas ascendentes

Las líneas que brotan de la línea de la cabeza y se dirigen hacia arriba, en dirección de los dedos, siempre son señales excelentes y con frecuencia traen buenas noticias (e). Un ascenso en el trabajo, alcanzar una ambición o realizar un proyecto son los hechos que marcan estas ramas ascendentes.

Una rama que se dispara hacia el dedo índice sugiere éxitos académicos; hacia el dedo medio a menudo denota la realización ventajosa de un negocio inmobiliario, como por ejemplo la compra de la primera casa o la casa de sus sueños. Si la rama se dirige hacia el anular, es una espléndida señal de éxito peronal, especialmente si la persona está relacionada con las artes, la literatura o el lado creativo de la vida. Conseguir un trabajo en una emisora de radio, un estudio de diseño o una galería de arte puede aparecer marcado de esta forma, pero también el nacimiento de un hijo muy buscado, especialmente si antes ha habido problemas para concebirlo. Una rama que asciende en dirección al dedo meñique puede sugerir éxito financiero, expansión del negocio propio o logros de naturaleza científica, económica o tecnológica.

Ramas descendentes

Cualquier pequeña rama que se dirija hacia debajo de la línea de la cabeza con frecuencia anuncia una época de depresión (f). Este tipo de rama generalmente es muy corto, de apenas unos milímetros. No debe confundirse con la marca del escritor (g), que es una marca positiva, ni con cualquier otra línea principal que cruce la línea de la cabeza.

Caídas de la línea

Una caída de la línea sugiere un período de depresión (h). A medida que la línea forma visiblemente una especie de bolsa poco profunda, es casi posible ver el espíritu de la persona hundiéndose en el desaliento. Si del punto más bajo sale una pequeña ramita, la depresión se incrementa, y sólo cuando la línea de la cabeza comienza a ascender y a nivelarse otra vez se puede decir que la persona se ha recuperado.

Muy ocasionalmente nos podemos encontrar con una línea de la cabeza que parece cruzar la palma en zig-zag, formando picos y valles todo a lo largo. Una línea así indicaría una persona con altibajos exagerados en su vida. En su forma extrema, es el tipo de línea que puede presentar una persona maníaco-depresiva.

Secciones lanosas

Si apreciamos una seción de la línea de la cabeza de apariencia lanosa, como de pelusa (i), sugiere que la persona está pasando por un período de incertidumbre. A sus ideas les faltará claridad, puede haber cansancio mental e incapacidad de concentración. Estos síntomas pueden ser el resultado de desequilibrios hormonales, tensión o fatiga psicológica. Sea cual sea la causa, un control médico, la disminución de las presiones o encontrar tiempo para alejarse de todo ciertamente sería beneficioso en este caso.

Predecir el futuro a partir de la línea de la cabeza

Una vez dominado el sistema para medir el tiempo y conocidas las cualidades y marcas que afectan a la línea de la cabeza, ya estamos en condiciones de comenzar el análisis de futuras tendencias.

Observe con atención su propia mano y descubra, según su edad, hasta dónde ha llegado en la línea de la cabeza. Examine esa sección y compárela con lo que ha sucedido hasta ahora. Considere la calidad de la línea, si parece reforzarse o debilitarse, y busque las marcas que presenta. La identificación de estas marcas y su ubicación en el tiempo le darán pistas sobre lo que puede deparar el futuro. No olvide que si las señales son negativas, siempre puede hacer algo antes para evitar efectos en su detrimento, y si las señales son posivitas, le advertirán sobre la situación futura y le prepararán para aprovechar las oportunidades que aparecerán en su camino.

7

La línea de la vida.

Indicadora de bienestar

LA LÍNEA DE LA VIDA es la arruga semicircular que rodea la base carnosa del pulgar (ver Figura 20). Los mitos y los conceptos erróneos le han dado una reputación muy variada a esta línea y han causado mucha ansiedad a aquellas personas cuyas líneas de la vida son más bien cortas. Pero como ya se ha dicho antes, esta línea sólo representa la calidad de la vida, no su duración. Describe la salud y la constitución de la persona, muestra la clase de resistencia, entusiasmo y vitalidad que posee e indica si sus recursos físicos están a la altura de su impulso mental.

El aspecto más importante de esta línea es su construcción. Una línea fuerte y bien definida es una excelente señal de buena salud, fuerza y vitalidad. Una línea fina y apenas marcada. o una línea que-

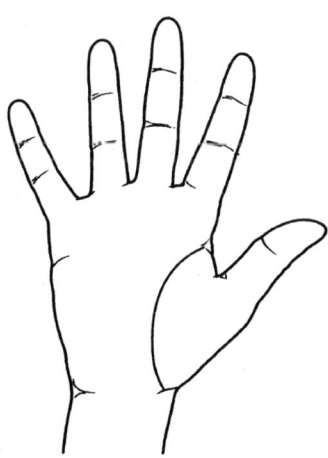

Figura 20

brada, con islas o cadenas, denota una constitución más débil, tal vez propensa a episodios de mala salud, y una falta general de robustez.

El curso de la vida

Debido a que nuestra actitud ante la vida da color a nuestras experiencias e impulsa nuestro sentido de bienestar, la curvatura de esta línea será muy indicativa de cómo vivimos la vida y qué obtenemos de nuestra existencia. Cuanto más cerca esté la línea de la base del pulgar, más introvertida será su personalidad. La persona con una línea así también puede ser egoísta, de constitución delicada y con falta de energía. Cuanto más abierto sea el arco, dirigiéndose de forma generosa hacia el centro de la palma, más extrovertida será la naturaleza de la persona. Tener una línea así denota buena resistencia a las enfermedades y mucha fuerza física y resistencia, algo que podría describirse como una vitalidad arrolladora.

Siga su propia línea desde su nacimiento en el borde de la mano, a mitad camino entre la raíz del pulgar y la base del índice, hacia abajo en dirección a la muñeca. Las marcas que encuentre en el camino, tales como ramas que se desprenden de ella o barras que la cruzan, registran sus avances y logros personales, así como otros hechos importantes de su vida. En esta línea aparecerán marcas específicas correspondientes a traslados, viajes, cambios importantes de la vida, problemas emocionales, relaciones familiares, nuevas responsabilidades, lesiones y estado general de salud.

Líneas de la vida cortas

Si su línea de la vida es corta, busque una línea secundaria un poco más hacia el centro de la palma (ver Figura 21). Esta línea secundaria es la que se debe considerar cuando la más corta se acaba; incluso puede haber una línea capilar finísima conectando una y otra. Más que una vida corta, lo que esta línea denota es el comienzo de una nueva vida a la edad que marque la interrupción. La emigración a otro país, por ejemplo, es la clase de hecho que puede aparecer indicado de este modo. Cuando haya aprendido a periodificar esta línea, sabrá cuándo debe esperar que suceda el hecho, o si ya ha tenido lugar, podrá corroborar la fecha en que sucedió.

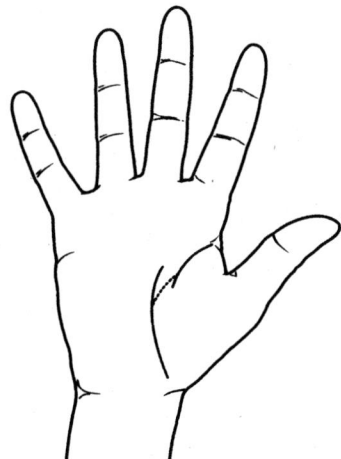

Figura 21

Marcas en la línea

Ramas

Las ramas que salen de la línea de la vida (ver Figura 2) generalmente son marcas positivas. Pueden dirigirse hacia arriba, en dirección a los dedos, o pueden inclinarse hacia abajo, hacia el centro de la palma o incluso más, hacia el monte de la Luna.

Una rama ascendente generalmente es señal de un logro por esfuerzo personal o por mucho trabajo (a). Por ejemplo, un éxito académico puede estar indicado por una rama que asciende en dirección al dedo índice. Superar un examen o conseguir un título o cualificación profesional a menudo están representados así. Comprar tierras o una casa puede quedar registrado por una rama que sale de esta línea y se dirige hacia el dedo medio. Un hecho destacado que aumenta su reputación, felicidad personal o sentido de autovaloración puede estar marcado por una rama que sale de la línea de la vida y se dirige hacia el dedo anular, y una rama que viaja en dirección del meñique significa éxito empresarial o financiero.

Las ramas que salen y se dirigen hacia el centro de la mano o más allá son señales de movimientos y viajes (b). Pueden indicar un cambio de dirección, vacaciones en un lugar lejano, un viaje importante o la emigración. Cuanto más larga sea la rama, más lejos será el viaje o más significativo será el cambio.

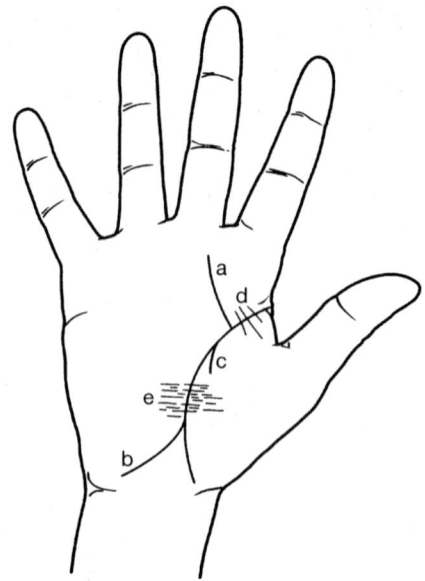

Figura 22

Una pequeña ramita que se desprende del interior de la línea principal es algo bastante diferente (c). Es señal de una nueva responsabilidad en su vida y a menudo denota una relación. Se trata de una marca bastante común que indica el nacimiento de un bebé, especialmente si la rama aparece en la sección de la línea de la vida que corresponde a los años de reproducción y paternidad. En otros momentos, estas pequeñas líneas pueden representar nietos o niños adoptados, e incluso en otras circunstancias, la presencia de un familiar anciano que se queda a vivir con nosotros, o la de un animal doméstico muy querido.

Estos factores demuestran lo importante que es reunir todos los factores cuando se analiza una mano y se hacen predicciones de futuro.

Líneas más largas que se desprenden del lado interior de la línea de la vida pueden significar relaciones íntimas. Observe el largo y la calidad de la rama y corrobórela con las marcas de la línea del destino para distinguir entre relaciones amorosas fugaces y las serias y duraderas.

Líneas cruzadas

Las barras que cruzan la línea de la vida (ver Figura 22) se conocen como líneas de traumas e indican problemas emocionales (d). Cuanto más fuerte y más larga sea la línea cruzada, mayor o más profundo será el trauma. La preocupación por la salud de un ser querido, una pelea seria, un episodio temporal de infelicidad o un problema de relación son ejemplo de trastornos que quedan registrados de este modo.

A veces una mano puede tener un conjunto de delgadísimas líneas que cruzan la línea principal de la vida (e), pero no deben interpretarse como líneas de trauma aunque en sí mismas denoten preocupación. En realidad significan una mentalidad muy tensa, una persona propensa a la ansiedad o que está pasando por un período de mucha tensión. Estas líneas no indican un conjunto de problemas individuales e identificables, sino un estado mental general.

Islas

Una isla parece una burbuja en la línea (ver Figura 23-a). La línea principal se divide para formar la isla y luego vuelve a unirse. Si imaginamos la línea llevando energía, la división debilita la corriente. Una isla, entonces, indica un período cuando las energía de la persona están bajas y su resistencia es pobre, por lo que es más susceptible a la mala salud.

Como sucede con todas las marcas de la línea, una isla se puede ubicar en el tiempo. Si está marcada como para tener lugar en el futuro, la advertencia por adelantado le permitirá tomar medidas preventivas o buscar consejo médico a tiempo.

La buena noticia es que las islas de esta línea pueden desaparecer cuando sus dueños toman nota de las señales de advertencia y realizan un esfuerzo para mejorar su salud. Cambiar de dieta alimenticia, encontrar una forma de hacerle frente a la tensión, adoptar una nueva perspectiva de la vida o buscar un diagnóstico y un tratamiento a tiempo son todos aspectos que pueden ayudar a que una isla desaparezca. En otras palabras, piense en la isla como en un período de su vida en el que sus energías vitales están bajas y los mecanismos de defensa de su cuerpo están debilitados. Si refuerza su sistema inmunológico y cura el problema subyacente, la fuerza y el vigor pueden volver y la división de la línea se volverá a juntar para formar otra vez un canal fuerte y sólido.

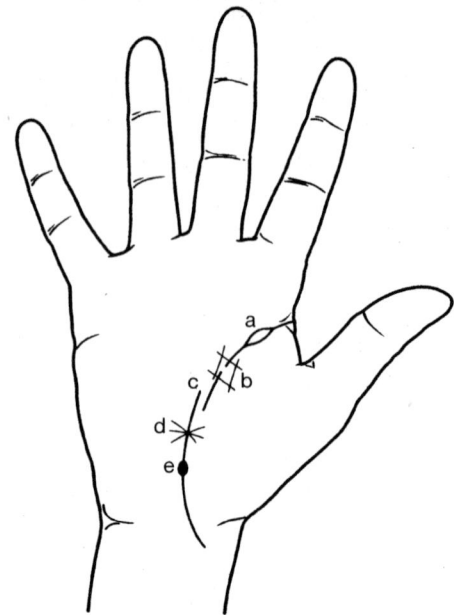

Figura 23

Las islas que aparecen al comienzo mismo de la línea se asocian frecuentemente con enfermedades del sistema respiratorio en la niñez. Las que aparecen un poco después denotan una tendencia a los problemas de espalda o de columna vertebral y las posteriores sugieren condiciones producidas por desequilibrios hormonales o por enfermedades asociadas con el envejecimiento.

Rupturas o interrupciones de la línea

Una línea de la vida con una clara interrupción, como si le faltara un trocito (ver Figura 23), generalmente se interpreta como una indicación negativa (b). Si seguimos aplicando la analogía de que la línea transporta energía, en esta formación se ve que el flujo de energía se ha interrumpido de forma abrupta (aunque sólo temporalmente), como si fuera un hipo del sistema. Generalmente denota una enfermedad, un accidente o un problema físico de algún tipo.

Cabe insistir en la importancia de no sacar conclusiones precipitadas al analizar una mano y de no interpretar nunca una marca sin confirmar lo que se ha descubierto en otras marcas de la mano. Así que si vemos una interrupción en esta línea, primero hay que mirar la otra mano. Sólo si ésta también tiene una ruptura exactamente en el mismo lugar podemos empezar a sospechar la presencia de un problema físico de algún tipo.

Analice la interrupción otra vez, incluso con una lupa si hace falta, porque hay varios factores que mitigan o minimizan los riesgos implicados. Por ejemplo, un pequeño trozo de línea a lo largo de la interrupción funciona como una tablilla; se le llama línea de reparación y ayuda al proceso de recuperación.

Otra marca útil es la que tiene forma de caja, compuesta por cuatro pequeñas líneas alrededor de la ruptura. En esencia forma una clase de aislamiento que proteje al individuo de toda la fuerza del incidente. Por ejemplo, una enfermedad que podría poner en peligro la vida de una persona, en la que tiene esta marca protectora no adoptaría más que su forma más leve.

Intente descubrir, también, una delgadísima línea que una los dos extremos o que nos lleve hacia otra parte de la línea de la vida en el centro de la palma. Una delgada línea de unión en este punto sugiere una vitalidad disminuida y la necesidad de poner más cuidado en la salud a lo largo de este período de la vida. Una delgada línea que lleva a una nueva sección de la línea de la vida representa un cambio importante, similar a la descripción de la línea corta descrita anteriormente.

Otro tipo de ruptura de esta línea es el que tiene bordes super-puestos, algo parecido a una rama quebrada (g). También denota un cambio en la forma de vida, pero éste implica más planificación de modo que un tipo de estilo de vida se cambia por otro. Irse de casa, ir a estudiar a otro lado o trasladarse al extranjero, por ejemplo, pueden quedar marcados de esta forma.

Estrellas

En algunas partes de la mano la estrella es una marca de suerte, pero en la línea de la vida (ver Figura 23) tiene una implicación negativa (d). Como una estrella está formada por varias líneas pequeñas que se entrecruzan, actúa como una concentración de energía que afecta a un determinado punto sobre el que ejerce presión. Como tal, una estrella en esta línea puede denotar la aparición aguda o repentina de una enfermedad, un choque del sistema, un accidente o una lesión. Como en el caso de la interrupción de la línea, hay que buscar líneas de reparación, tales como una línea paralela de apoyo o un cuadrado protector que minimizarán el problema y ayudarán a la recuperación.

Entradas

Una marca que parece el pinchazo de una aguja, o como si se hubiera quitado un trocito de la línea (ver Figura 23), puede indicar una lesión o una situación médica aguda, como una hemorragia o un problema que requiera cirugía (e). Antes de emitir la opinión, sin embargo, hay que asegurarse de que la marca no ha sido causada por un corte o una abrasión de la mano. Una vez más, si se trata de una característica natural, hay que buscar líneas de reparación que refuercen la constitución y minimicen el impacto del problema en la salud de la persona en ese momento de su vida.

El tiempo en la línea de la vida

Asignar un tiempo a cualquiera de las líneas puede ser arriesgado porque, como ya quedó explicado en la sección dedicada a la línea de la cabeza, las manos vienen en muchas formas y tamaños, largos y anchos. Pero con un poco de práctica y algunos ajustes para adecuarse a cada tipo de mano, hay un sistema que puede dar resultados bastante buenos. Se puede aplicar a una mano viva, pero esta parte del análisis tal vez se haga mejor en una impronta de la mano. Las instrucciones para tomar huellas de la mano aparecen en las páginas 141-143. La Figura 24 muestra cómo marcar la impronta con las medidas de tiempo.

Con un lápiz afilado trace una línea vertical desde el lado interior del índice hasta tocar la línea de la vida. El punto donde la vertical llega a línea de la vida representa aproximadamente veinte años de edad. Márquelo. Partiendo de este punto y bordeando la base carnosa del pulgar, marque la línea en milímetros. Cada milímetro cubre aproximadamente un año, o sea que a cinco milímetros de la marca de los veinte años estará el punto de los veinticinco años, a diez milímetros el punto de los treinta años y así sucesivamente.

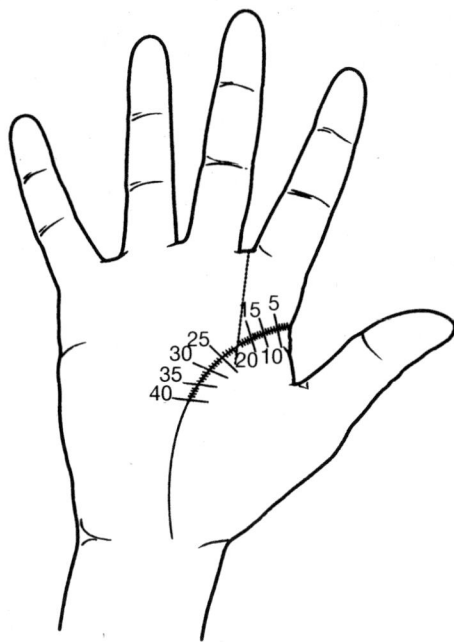

Figura 24

Del mismo modo se puede ir haciendo las marcas hacia atrás alrededor del pulgar y hacia el borde de la mano para descubrir marcas de sucesos ocurridos durante la infancia y adolescencia.

Compruebe que las medidas del tiempo son correctas situando en el tiempo una marca que corresponda a un suceso importante en la vida de la persona y solicitándole que confirme su pronóstico. Comprar una casa o irse a vivir al extranjero, por ejemplo, son el tipo de hechos que quedan registrados en esta línea por medio de una rama bien notoria. Tomando de base una marca como ésta, aplique su sistema de medición del tiempo y confirme sus pronósticos con la persona implicada. Si está ligeramente desfasado, vuelva al inicio y haga los ajustes necesarios.

Pronósticos por la línea de la mano

Descubra, por su edad, dónde ha llegado en la línea de la vida, examine la sección y compárela con lo que ha sucedido. Considere la calidad de la línea, si se refuerza o se debilita y busque en ella marcas de hechos futuros, porque esto le dará pistas de lo que está por venir. Por ejemplo, si la línea se ve fuerte o igual de fuerte en el futuro, sabrá que su vitalidad y gusto por la vida continúan o incluso mejoran, pero si la línea se hace más delgada, tal vez necesite considerar formas de revitalizar su salud o cambiar su actitud o circunstancias. Si detecta señales negativas, puede hacer algo para la situación potencial, realizando acciones evasivas o al menos preparándose para afrontarla. Recuerde, el que avisa no es traidor. Si las señales son positivas, esto le dará la posibilidad de capitalizar la situación, planificar por adelantado y no dejar escapar las grandes oportunidades.

La mano es un espejo de su salud

Al considerar el bienestar, la línea de la vida es sin duda la primera característica a examinar para descubrir pistas sobre este aspecto de su vida. Pero toda su mano en general es una rica fuente de información sobre su salud en general, y sabiendo dónde mirar y qué marcas buscar, podrá determinar su predisposición a las enfermedades. Las Figuras 25 y 26 muestran algunas de las marcas típicas.

De todos modos, aunque usted posea marcas que denoten una tendencia a un determinado problema de salud, eso no significa que inevitablemente desarrollará la enfermedad. Las marcas que tenemos en la manos marcan nuestros mapas genéticos, nuestros vínculos débiles o los desórdenes potenciales que hayamos heredado. El reconocimiento de las marcas de las manos eleva nuestra conciencia de estas posibles indicaciones de peligro y nos permite tomar medidas preventivas para salvaguardar nuestra salud. Cambiar el estilo de vida, revisar la dieta alimenticia y aprender a relajarse, por ejemplo, pueden ayudar a evitar condiciones potenciales. Y, por supuesto, estar alertados de nuestros vínculos genéticos débiles significa que tenemos más posibilidades de buscar atención médica con la antelación necesaria.

Debemos volver a insistir en que nunca se debe diagnosticar algo a partir de las marcas de una sola mano, porque es muy fácil detectar una marca, sacar una conclusión precipitada y luego preocuparse sin necesidad. No se prive de observar sus manos en busca de pautas sobre sus propias tendencias, pero recuerde las reglas de oro:

- Las marcas nunca están solas, sino que necesitan el respaldo de varias señales más en la mano.

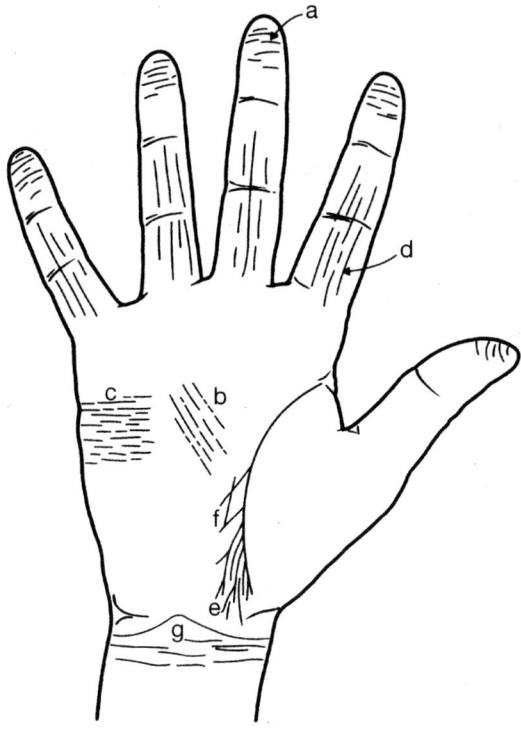

Figura 25

- Las marcas pueden cambiar e incluso desaparecer si se toman medidas preventivas a tiempo.

- Si está preocupado por algún aspecto relacionado con la salud, consulte siempre con su médico.

Señales de tensión

La tensión, como todos sabemos, está en la raíz de muchos problemas de salud. Si no se controla, puede llevar a una ruptura de las defensas del cuerpo y a la mala salud. Hay varias señales en la mano que nos alertan sobre una seria acumulación de tensión, y si usted las descubre en su mano, sería inteligente de su parte descubrir la causa y buscar maneras de resolver el problema. Tal vez unas vacaciones o un poco más de descanso sea todo lo que necesita, pero alternativamente también se puede beneficiar con yoga, meditación, reflexología, baile, música o cualquier otra técnica que le ayude a aliviar la tensión y relajarse.

Algunas de las primeras señales de tensión y frustración son unas delgadas líneas horizontales que cruzan las yemas de los dedos (a). Pueden aparecer y desaparecer con bastante rapidez. Si detecta la aparición de estas marcas en las yemas de los dedos, es señal segura de que realmente debe bajar su ritmo y tomarse un descanso.

Probablemente habrá notado que hay personas que tienen manos muy marcadas, mientras que otras presentan palmas muy despejadas con sólo las líneas principales. Una palma con muchas líneas se llama una «mano completa» y si usted tiene una de éstas, significa que es una persona muy sensible con tendencia hacia una disposición nerviosa y tensa. Poseer esta característica significa que realmente debe evitar situaciones tensas o competitivas, porque lo que necesita es una existencia tranquila y estable. Una palma despejada es lo que se conoce como una «mano vacía». Las personas que tienen este tipo de mano apenas son concientes de que tienen un sistema nervioso.

Problemas alimentarios

Al igual que la tensión, la dieta y la nutrición cumplen una función primordial en nuestra salud. Los problemas que provienen de una dieta pobre, sensibilidades alérgicas o desequilibrios vitamínicos y minerales están representados por una variedad de diferentes características extendidas por toda la mano.

Las uñas frecuentemente son las primeras en registrar señales de deficiencias nutricionales (var página 55 para ilustraciones de marcas de salud en las uñas). Por ejemplo, un surco horizontal profundo que atraviesa las uñas puede ser el resultado de una dieta de choque. Compruebe que el surco aparezca en todas las uñas, porque un surco aislado, en una sola uña, es más probable que sea el resultado de una lesión local. Una dieta en la que falten nutrientes esenciales puede producir varios surcos que forman un efecto corrugado en las uñas, mientras que los problemas nutricionales severos pueden darles forma de plato por su apariencia cóncava.

Las uñas débiles, hundidas, partidas, retorcidas o deformadas pueden tener su origen en desequilibrios minerales. Las manchas blancas en las uñas a menudo indican una deficiencia de zinc y/o calcio.

Las estrías verticales (se pueden notar pasando la uña del pulgar encima de ellas) pueden indicar que la persona es propensa a las alergias. Confírmelo buscando la «línea de la alergia», que se extiende horizontalmente en la base de la mano (ver página 137). Los pacientes con fiebre del heno o rinitis pueden presentar esta marca bastante bien pronunciada en sus manos.

Un grupo de delgadas líneas oblicuas en el centro de la palma de la mano (b) puede indicar una tendencia a problemas intestinales o digestivos. Otro grupo de líneas finas, esta vez cerca del borde de percusión, destaca la formación de árico úrico que puede desencadenar problemas de gota o de reuma más adelante (c).

Vitalidad disminuida

Las señales de debilidad o pérdida de energía aparecen en diferentes lugares. Las líneas verticales profundas que recorren los dedos a lo largo indican fatiga (d). Las ramas deshilachadas que salen de la base de la línea de la vida denotan un drenaje de fuerza vital (e). Las líneas que pierden su saludable color rosa o caramelo y se vuelven blancas cuando la mano se estira a menudo son señal de anemia.

Problemas del sistema reproductor

Una marca en forma de rombo en la parte externa de la línea de la vida, más o menos en el primer cuarto de la palma, puede indicar una tendencia a problemas ginecológicos en la mano de una mujer o a problemas urogenitales en la mano de un hombre (f). Las mujeres que tienen problemas para concebir o dar a luz a veces tienen una rasceta superior marcadamente curva desde la muñeca hacia la base de la palma de la mano (g).

Señales hormonales

Las yemas de los dedos están vinculadas con el sistema endocrino y las líneas verticales que aparecen en las falanges superiores de los dedos denotan, según se cree, desequilibrios hormonales. Las líneas en el índice apuntan a problemas con la glándula pituitaria, en el dedo medio a problemas asociados con la glándula pineal, en el anular a problemas

relacionados con la glándula timo y en el meñique a malfunciona-
miento de la glándula tiroides (ver Figura 26-a).

Otras marcas de salud en las líneas

La Figura 26 también muestra una variedad de otras marcas que también señalan problemas de salud. Las pequeñas hendiduras en la línea
de la cabeza revelan una tendencia a los dolores de cabeza o migraña
(b). Las islas al comienzo de la línea de la vida indican susceptibilidad
a los problemas respiratorios o a otras enfermedades infantiles importantes (c). Las islas en la línea de la cabeza revelan un período bastante
extenso de preocupaciones y ansiedad (d). Las cadenas en las líneas de
la cabeza o el corazón denotan deficiencias minerales (e). Las marcas
en forma de estrella en cualquiera de las líneas principales implican
un choque físico o psicológico para el sistema (f). La presencia de
una caja cuadrada alrededor de la estrella tiene un efecto protector
y aminora el impacto. Una línea gruesa que cruza la línea de la vida
revela un trastorno emocional (g); cuanto más grueso y más largo,
mayor es el trauma.

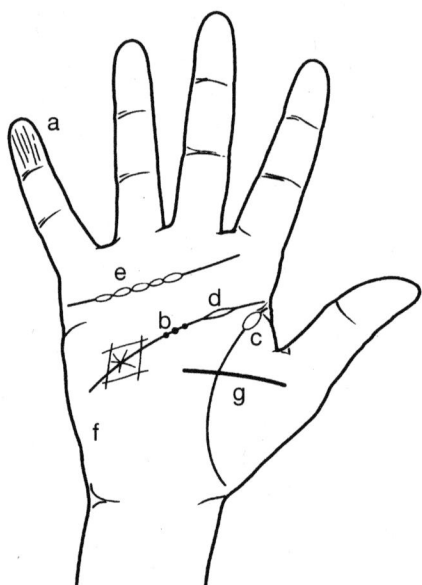

Figura 26

8

La línea del corazón.
Barómetro de las emociones

La línea del corazón refleja nuestras respuestas emocionales, nuestra forma de sentir y expresar el amor. Su posición exacta en la palma de la mano, su construcción y longitud nos pueden indicar nuestra forma de interactuar con los demás, así como nuestras expectativas y necesidades dentro de nuestras relaciones íntimas. Nuestra sensibilidad, nuestros sentimientos instintivos y nuestras actitudes hacia el sexo y la sexualidad están reveladas aquí.

Pero del mismo modo que refleja nuestros patrones emocionales, esta línea nos puede proporcionar importantes pistas sobre la condición física de nuestro corazón y sistema vascular. Esto quiere decir que es un indicador útil de nuestra salud cardiaca y circulatoria.

La línea del corazón es la primera arruga horizontal que cruza la parte superior de la palma de la mano (ver Figura 27). Puede ser recta o curva, larga o corta, estar situada muy arriba, cerca de las base de los dedos, o más abajo, más cerca de la línea de la cabeza y el centro de la palma.

Las personas cuyas líneas del corazón se sitúan muy arriba, dando la impresión de juntar la base de los dedos, poseen lo que podríamos llamar afecciones cerebrales y tienden a parecer emocionalmente frías. Estas personas pueden ser controladas y astutas en cuestiones del corazón y calculadoras en sus relaciones. Si su línea está situada muy arriba, se puede decir que es una persona que deja que la cabeza se imponga al corazón.

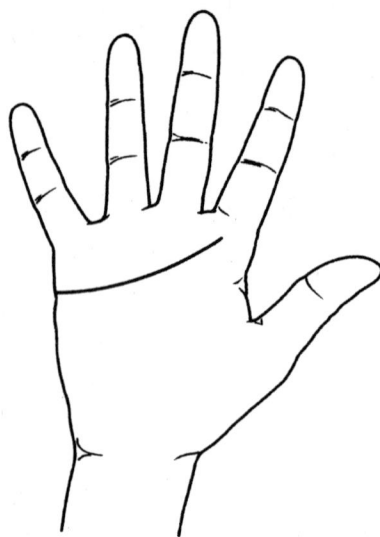

Figura 27

Cuando la línea se ubica más abajo, más cerca de la línea de la cabeza, se puede esperar una mayor calidez de carácter y una naturaleza compasiva. Poseer esta línea significa ser amable y cariñoso, pero también permitir que el corazón mande sobre la cabeza. Con esta característica en la mano, la persona es una víctima fácil de cualquier historia lacrimógena.

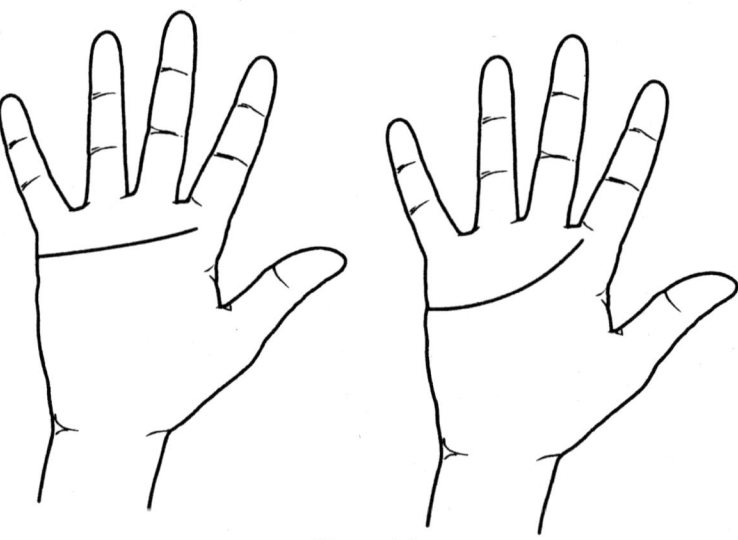

Figura 28

Cuanto más recta es la línea, más pragmático es su dueño en cuestiones del corazón. Al igual que la línea colocada muy arriba, sugiere una naturaleza emocional más fría. Las líneas curvas representan lo contrario. Revelan sentimientos cálidos y una disposición espontáneamente más desprendida. La Figura 28 muestra las dos líneas en comparación.

Dirección del flujo

Hay diferencia de opiniones con respecto a la dirección en la que se debe leer la línea, si desde el canto de la mano o desde el lado del pulgar. Tradicionalmente, se creía que la raíz de la línea del corazón estaba en la base del índice y que a partir de ahí se extendía hacia el borde exterior de la palma. El pensamiento moderno toma el punto de vista opuesto y considera que la línea comienza en el lado de la palma donde está el dedo meñique y termina en dirección al pulgar.

Esto tendría sentido porque la mayoría de personas tiene la línea marcada de forma prominente más o menos en la misma posición del canto de la mano, mientras que es en el otro extremo donde hay considerables diferencias entre mano y mano. De todos modos, como la línea del corazón no es una medida fiable del tiempo, no se usa para asignar un momento a los hechos, así que la cuestión de su dirección tal vez no tenga mucha importancia. Lo que sí es importante, sin embargo, es determinar la extensión de la línea a lo largo de la palma y el lugar exacto donde acaba (ver Figura 29). Este aspecto es el que nos proporcionará una mayor comprensión de la naturaleza de nuestras emociones.

Las diferentes clases de líneas del corazón

La que llega hasta el monte del dedo índice

Cuando la línea del corazón termina justo en el centro de la pequeña almohadilla carnosa debajo del dedo índice, es indicación de una naturaleza romántica con una impresionante actitud hacia el amor (a). Las personas con esta marca buscan constantemente la pareja «perfecta», la figura del Príncipe Azul o una hermosa princesa que necesita ser

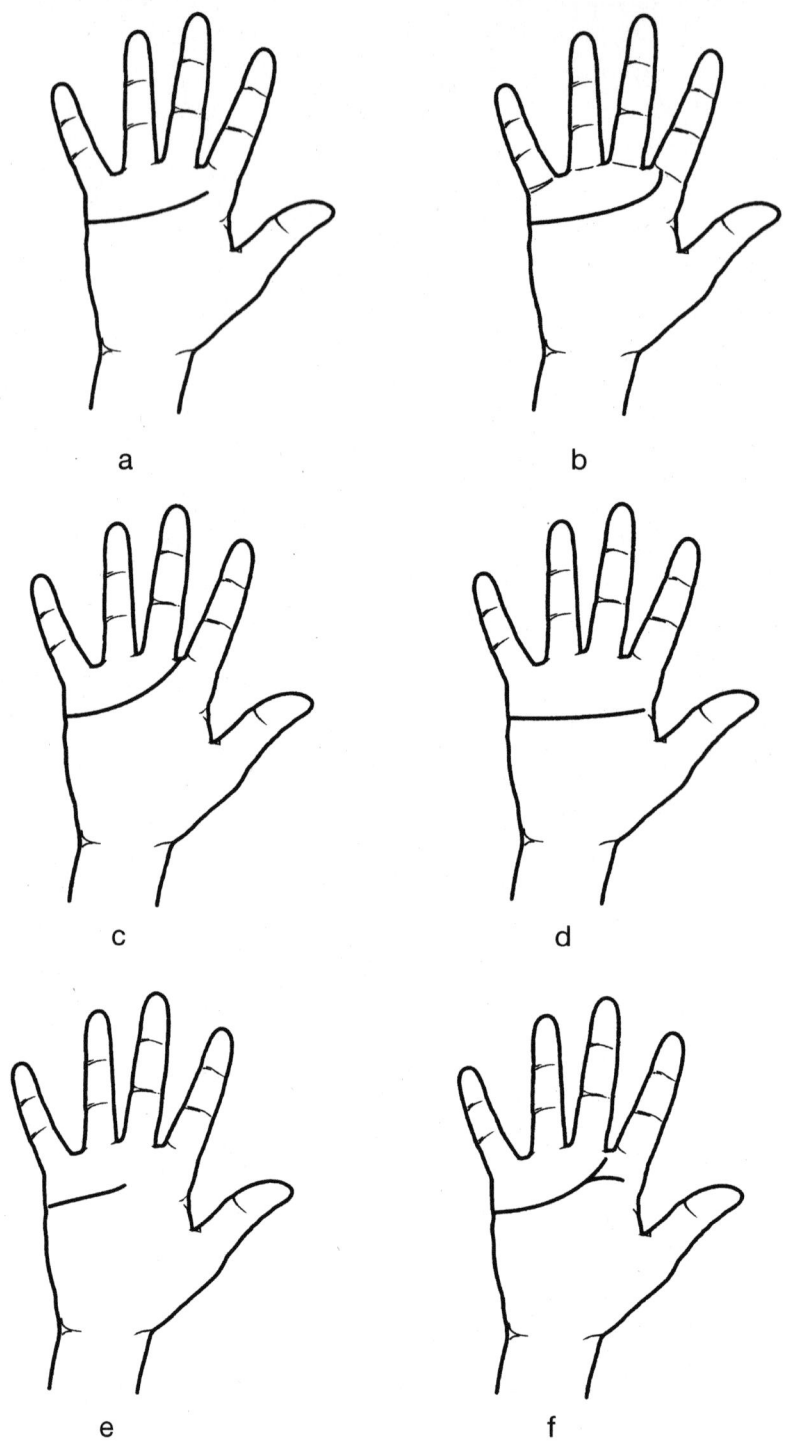

a

b

c

d

e

f

Figura 29

rescatada de su torre y adorada para siempre. Tienden a ver la vida a través de un cristal de color rosa y sueñan con el tipo de relación idealizada que sólo se encuentra en los cuentos de hadas. Si usted tiene una línea así, pregúntese si no estará simplemente enamorado del amor. Esto no quiere decir que nunca encontrará a la pareja de sus sueños, pero probablemente le llevará bastante tiempo encontrarla. Lo más normal es que encuentre faltas e imperfecciones a principios de la relación y que entonces se sienta desilusionado. Claro está que una manera de disminuir el problema es recordar que nadie es perfecto y que ser humano significa que inevitablemente habrá defectos. Ser un poco más realista le ayudará a allanar el camino del verdadero amor. De todos modos, tener esta línea significa ser amable y generoso, así como cariñoso y solidario con su pareja. Y si es su pareja la que tiene esta línea, trate de no destrozar sus ilusiones.

La que llega hasta la base del dedo índice

Una línea que se curva hacia arriba hasta tocar la base del dedo índice es a menudo señal del perfeccionista (b). Si ésta es su línea, significa que usted se siente motivado por los logros, tiene normas altas y grandes expectativas. Trabaja mucho para ser el mejor y espera que los demás hagan lo mismo. La pareja que no llegue a este nivel tiene pocas posibilidades de robarle el corazón. El problema es que muchas parejas potenciales encuentran difícil cumplir con sus exigentes ideales y con frecuencia no dan la talla. Si este patrón se repite en sus relaciones, tal vez ajustar un poco sus exigencias evitará desilusiones en el futuro. Para ser justos con usted hay que decir, sin embargo, que cuando encuentra una pareja que está a la altura de sus criterios, usted es un compañero destacadamente fiel y dedicado que defiende su relación contra viento y marea. Por cierto, si su pareja tiene una de estas líneas, querrá sentirse orgulloso de usted. Recuerde que su pareja apuntará alto y esperará que usted le siga.

La que llega entre el primer y segundo dedo

El enfoque más pragmático del amor y las relaciones se encuentra entre aquellos cuya línea del corazón se extiende hacia la membrana entre el primer y segundo dedo (c). Si usted posee esta línea, tiende a mantener los pies bien firmes sobre el suelo cuando se trata de cuestiones emocionales. Los demás no lo engañan fácilmente, sobre todo porque usted es una persona realista. En las relaciones, le gusta complacer a las personas que quiere y muestra su afecto a través de las cosas que hace por ellas. Pero el problema con esta línea es que le resulta difícil hablar de sus sentimientos más íntimos, por lo que tiende a retener sus emociones. La comunicación entre usted y su pareja es doblemente importante cuando esta línea está presente, y si usted no puede expresar sus sentimientos verbalmente, las notas escritas pueden ser una buena alternativa. Si su pareja tiene esta línea, no espere una corriente constante de susurros amorosos, ya que éste no será su estilo. Lo que sí puede esperar, sin embargo, es una total confianza, un apoyo sólido y sensato con calidez y amor de verdad.

La línea horizontal

Si la línea es larga y recta, casi tocando el límite de la palma entre el primer dedo y el pulgar, describe a una persona excesivamente entregada al trabajo (d). Para los poseedores de esta línea, la carrera profesional está en primer lugar, mientras que la vida familiar y las consideraciones domésticas ocupan un segundo lugar. Si usted tiene una línea del corazón como ésta, demuestra que espera que su pareja y otros seres queridos se acoplen a su trabajo. Si es su pareja quien tiene esta línea, probablemente usted ya descubrió hace tiempo el valor de dedicarse a intereses separados y la importancia de mantener una vida social propia.

Una línea del corazón corta

Una línea del corazón que acaba debajo del dedo medio es señal de no estar dispuesto a comprometerse (e). Las personas que tienen esta marca se inhiben ante las responsabilidades y en consecuencia les resulta difícil dedicarse a una sola persona en una relación duradera. Una característica de acentuado egoísmo acompaña a esta línea y podemos esperar una marcada necesidad de autogratificación a costa de otras personas. Si usted posee esta línea, no hay duda de que es una persona sensual, pero necesita aprender a anteponer a los demás, aunque sea de vez en cuando. Es la marca del egoísmo, así que si la descubre en una posible pareja, no se engañe: no podrá cambiar su forma de ser.

La línea que acaba en una bifurcación

Las líneas del corazón que acaban en una bifurcación se encuentran en las manos de personas solidarias y que se preocupan por los demás (f). Si usted tiene una línea así, significa que sabe escuchar y es capaz de mostrar gran empatía con los demás. Es aún mejor si la línea acaba en tres puntas, porque esto revela una naturaleza cálida y cariñosa acompañada de pasión física. Sobre todo, su actitud con respecto a las relaciones es sensata y práctica, por lo que es una pareja muy comprensiva que ofrece todo su apoyo.

Formación de relaciones

Mientras que la línea del corazón refleja nuestras emociones y la forma en que nos relacionamos con los demás, no registra nuestras relaciones como tales. Aquí no podemos encontrar información fiable sobre la naturaleza de las relaciones individuales que podemos establecer a lo largo de nuestra vida, ni siguiera sobre el momento en que tales relaciones pueden comenzar o acabar. Para esto necesitamos examinar la línea de la vida (ver capítulo 7).

Para conseguir un registro más exacto, no sólo de los comienzos y los fines de las relaciones sino también de la calidad de las uniones establecidas, debemos recurrir a la línea del destino. Aquí, las relaciones vienen marcadas por ramas ascendentes que se dirigen hacia la línea del destino principal. La fuerza y la construcción de cada rama revelan la armonía o las dificultades que experimentamos dentro de cada relación, y si la rama se detiene prematuramente, se funde con la línea o pasa al otro lado, esto nos mostrará si la relación es viable o no. En la página 115 descubrirá cómo identificar estas marcas, asignarles un momento y observar otras.

9

La línea del destino.
Indicadores que muestran el camino

La líNEA DEL DESTINO es un indicador muy importante en nuestras manos porque revela nuestro sentido del propósito y responsabilidad en la vida. Va desde la muñeca hasta la base del dedo medio (ver Figura 30) y una línea del destino fuerte y buena parece el poste central que sostiene la estructura bajo la que construimos nuestra vida y realizamos nuestras actividades. No todas las líneas del destino son fuertes, sin trabas, sin interrupciones o bien definidas, y no todas comienzan y acaban donde dicen las reglas. Lo que es más, una pequeña minoría de personas ni siquiera tiene línea del destino.

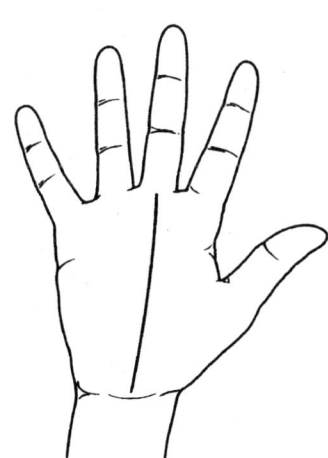

Figura 30

Tal vez sea la línea más compleja de la mano, pero es fundamental para registrar el progreso de nuestras vidas. Sea cual sea el lugar donde comience en la palma, nos indica los fundamentos sobre los que construimos nuestras vidas. A partir de ahí, mientras asciende, la línea sigue el curso de nuestra carrera y planifica nuestro impulso y determinación a lo largo del viaje por la vida.

Cualquier pequeño cambio de dirección en esta línea corresponde directamente a un cambio de las circunstancias. Las marcas pueden reflejar nuestras actitudes relacionadas con la vida laboral así como precisar hechos ya ocurridos o que probablemente ocurrirán en el futuro.

Calidad y construcción de la línea del destino

Cuanto más fuerte, larga y mejor dibujada la línea, más responsables somos y más controlamos nuestros destinos. Las personas con dificultades para dirigir sus propios asuntos o que no saben cómo actuar presentan una línea del destino débil y vacilante. Una línea fraccionada sugiere el tipo de progreso que se puede describir como de comenzar y parar, y sólo cuando la línea se solidifica en un canal fuerte su dueño sentirá de verdad que pisa tierra firme y hace progresos, tanto en la vida personal como profesional.

La misma interpretación se aplica a una línea del destino que comienza más arriba en la palma. Aquí, la sugerencia es que a la persona le falta dirección en sus primeros años, pero una vez que la línea del destino se afianza, hay una sensación de tomar las riendas y recorrer un camino positivo.

Son muy pocas las personas que no tienen ni un atisbo de línea del destino, pero en tales casos se dice que a esas personas les falta compromiso y estabilidad. Tal vez es mejor describirlas como espíritus libres.

La vieja línea del destino «ideal»

Si lee cualquier texto clásico sobre quiromancia, encontrará que la línea del destino ideal se describe diciendo que comienza en la muñeca y

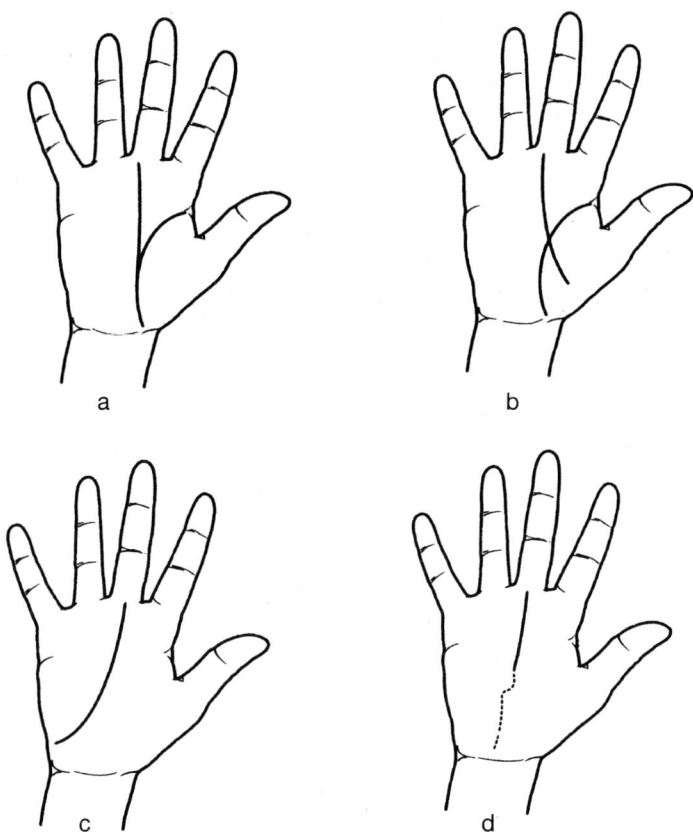

Figura 31

asciende verticalmente por el centro de la palma para acabar debajo del dedo medio. En los tiempos cuando la gente seguía los pasos de los padres, cuando las vidas estaban casi predestinadas podríamos decir, este tipo de línea sí que habría reflejado una existencia marcada desde la cuna hasta la tumba.

En la actualidad, sin embargo, cuando podemos elegir entre distintos estilos de vida, cuando los trabajos no son para toda la vida sino que las ocupaciones nos ofrecen un abanico de posibilidades y experiencias, no resulta sorprendente que el clásico y rígido tipo de línea se vea cada vez menos. Cuando existe, sin embargo, una línea fuerte, sólida y sin interrupciones denota un inamovible sentido de vocación que acompaña a su dueño a través de una carrera sin variaciones.

A partir de la línea de la vida

Una línea del destino que arranca de la línea de la vida (Figura 31-a) o incluso del monte de Venus dentro de la línea de la vida (b) generalmente indica vínculos familiares y responsabilidades que influyen mucho en la persona. Si usted tiene una de estas líneas del destino, es posible que esté implicado en el negocio familiar o que su carrera o su éxito en la vida haya tenido un comienzo ayudado por las conexiones o el dinero de sus familiares.

A partir del canto de la mano

Cuando la línea del destino comienza en el monte de la Luna en el canto de la mano muestra la necesidad de trabajar con gente (c). O bien la atracción de las candilejas es muy fuerte o quien la tiene tiene una ocupación que requiere el trato con el público. Las personas que se dedican al mundo del espectáculo o a otras ocupaciones con un alto nivel de exposición pública frecuentemente tienen este tipo de línea del destino.

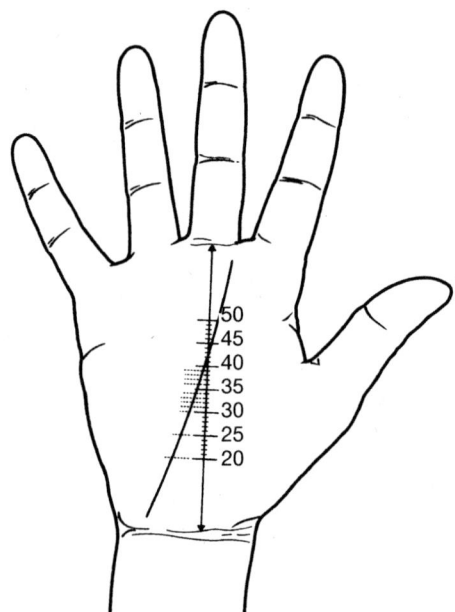

Figura 32

A partir del centro de la mano

Una línea de la mano que es apenas perceptible, esporádica o insignificante en la parte inferior de la palma, pero que adquiere fuerza un poco más arriba, denota un origen pobre por un motivo u otro (d). Una nueva dirección, impulso o un sentido del propósito pueden galvanizar repentinamente a la persona, que entrará en acción en el punto donde la línea comienza. La explicación puede estar en encontrar un trabajo nuevo, desarrollar una amistad, encontrar su lugar o incluso tener un hijo. Sea cual sea el motivo, este punto puede ubicarse en el tiempo, y en ese momento de la vida la persona siente que todas las piezas del rompecabezas finalmente han encajado.

El tiempo en la línea del destino

Medir el tiempo en la línea del destino es un poco más complicado que hacerlo en las líneas de la cabeza y de la vida, porque esta línea puede comenzar en distintos puntos de la palma e incluso puede tener una dirección oblicua en lugar de vertical. Lo que hay que hacer, entonces, es medir la palma y luego transferir esas mediciones a la línea del destino en sí.

Por cierto, sea donde sea que comience, esta línea siempre se lee de la muñeca hacia los dedos. La Figura 32 muestra cómo marcar la línea del destino con las medidas de tiempo.

Con la ayuda de una regla y un lápiz afilado trace una línea vertical entre la pulsera superior de la rasceta en la muñeca y el doblez que une el dedo medio con la palma de la mano. Mida la distancia y marque el centro, que corresponderá aproximadamente a treinta y cinco años de la vida de la persona. A partir de este punto y en dirección a los dedos, marque la línea dividiéndola en milímetros, cada uno de ellos representando un año. Cinco milímetros más arriba de este punto estará la marca correspondiente a los cuarenta años, y así sucesivamente. A partir del punto central y en dirección descendente hay que marcar la línea del mismo modo, hasta llegar al nacimiento en la muñeca.

Tal vez sea necesario ajustar la escala ligeramente, asignando un poco más de un milímetro por año en una mano larga o haciendo la medida ligeramente menor en una palma pequeña.

Una vez marcada la línea vertical se pueden traspasar todos los puntos a la línea del destino simplemente extendiendo las marcas de forma horizontal hasta llegar a la línea.

Compruebe que las medidas son correctas usando de referencia la fecha asignada a un hecho importante en la vida de la persona y pidiéndole que lo corrobore. Una boda o un cambio de trabajo, por ejemplo, pueden estar registrados en esta línea. Identifique la marca adecuada en la línea y si hace falta, ajuste las medidas del tiempo para que encajen.

Previsiones con la línea del destino

Si usted logra perfeccionar la lectura de la línea del destino, se sorprenderá de la exactitud con que las marcas reflejan las vueltas y los giros de la vida. No sólo refleja su progreso actual sino que también permite identificar y comprender el sentido de hechos pasados e informa de hechos posibles y de las consecuencias de sus actos en el futuro.

Una vez marcado el tiempo en su propia línea e identificado hasta dónde ha llegado, busque la siguiente marca. Tal vez hay un pequeño cambio de dirección, o la línea se interrumpe o le sale una rama hacia arriba. Observe la línea por encima de esa marca y compárela con la sección que representa el momento actual de su vida. ¿La línea es más gruesa o más delgada? ¿Presenta una isla, una barra cruzada o una línea paralela a sí misma? Todos son indicadores que arrojarán luz sobre las consecuencias de su próxima acción, si es que decide llevarla a cabo.

Si le gusta lo que ve, prepárese para las oportunidades que se le brindarán, pero si cree que los hechos pueden ser potencialmente negativos, tiene tiempo de considerar sus opciones, alterar el curso y evitar los eventuales problemas.

Por ejemplo, considere un cambio representado por una ruptura de la línea en la que el final tiene sobrepuesto el comienzo de otra línea nueva. Si la línea nueva que sustituye a la anterior continúa igual de fuerte que antes o, mejor aún, es más fuerte que la línea original, es bastante seguro suponer que el cambio será a mejor y significará mejoras en su vida.

Pero si la línea nueva es más delgada o está menos marcada, considérela una advertencia de que cualquier cambio que esté considerando hacer no le dará tantas satisfacciones como usted esperaba. Cualquier barra atravesando la nueva sección de línea indicaría oposición al plan, mientras que una isla sugeriría un período de preocupaciones o frustraciones. Ambas características se pueden ubicar en el tiempo y la longitud de la isla en sí revela la duración que puede tener el problema.

La advertencia anticipada ante estos posibles problemas es invalorable para ayudarnos a tomar decisiones más claras y elegir con mayor conocimiento de causa. A continuación se describen con más detalle las marcas más significativas que se pueden encontrar al estudiar la línea del destino (ver Figura 33).

Islas

En general, las islas en la línea del destino (a) denotan un período de preocupación o frustración en la vida laboral. Una isla puede significar un período de insatisfacción con el estilo de vida, con la naturaleza del trabajo o con las personas que tratamos a diario. A veces una isla

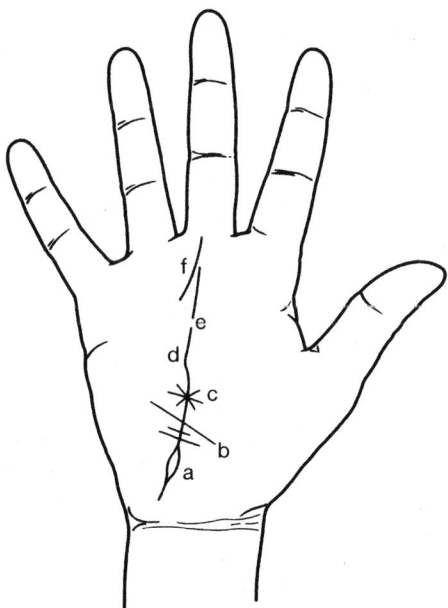

Figura 33

puede indicar una etapa de dificultades financieras. Descubrir una por adelantado significa que se puedan tomar medidas para paliar el efecto de tales problemas futuros o evitarlos completamente. No correr riesgos monetarios innecesarios, resistir la tentación de participar en dudosos planes para hacerse rico rápidamente, incrementar las pólizas de seguro o invertir para el futuro son tácticas que le permitirán capear el temporal en el momento indicado. Si usted tiene una isla, puede descubrir el momento en el que probablemente aparecerá el problema y la duración que tendrá. Pero busque también factores de mejora, como por ejemplo una rama (ver página 120), que puedan indicarle una nueva dirección. Y no olvide que dar pasos para prevenir dificultades bien puede hacer desaparecer la isla sin más.

Barras

Una barra que atraviesa la línea de la vida sugiere un período de oposición u obstrucción que debe superarse (b). Trabajar con un jefe difícil, no conseguir un ascenso o tener los fondos bloqueados son aspectos que bien pueden ser representados por esta marca. Considere la calidad de la línea inmediatamente por encima de la barra cruzada. Si la línea del destino sigue tan fuerte como antes, puede estar bastante seguro de que la frustración será sólo temporal, pero si se interrumpe, se hace más fina o forma una isla, el problema podría tener implicaciones a más largo plazo.

Estrellas

Mientras que una barra que cruza la línea generalmente significa una molestia temporal a solucionar, varias barras cruzándola en el mismo punto y formando una estrella pueden indicar algo un poco más serio (c). Esta marca sugiere una concentración de energía, un impacto repentino de algún tipo. Una cruz es similar, pero con menos intensidad. Cuando aparece cualquiera de estas dos figuras, resulta doblemente importante examinar la línea del destino con mucho cuidado ya que esto revelará las posibles consecuencias del hecho. Cualquier deterioro de la línea sugiere que el hecho tendrá un efecto destructivo en la persona, al menos mientras la línea continúe dañada. Una interrupción solapada o una rama ascendente hacia los dedos significa que, a pesar de su adversidad, el hecho actúa como catalizador y apunta a un cambio vital importante. Una cuidadosa inspección de la construcción y dirección de la rama o de la nueva sección de la línea del destino proporcionará pistas sobre la naturaleza de dicho cambio.

Cambio de dirección

Si la línea altera su curso (d), la implicación es de un cambio de dirección, un paso lateral o un nuevo ímpetu. Un ascenso, un trabajo nuevo o cambios significativos en el hogar o de las circunstancias domésticas pueden justificar estas marcas en la línea.

Rupturas o interrupciones

Una ruptura de la línea indica una interesante situación que debe examinarse cuidadosamente (e). Si la línea acaba de forma abrupta, puede significar el fin de un puesto de trabajo o de la forma de vida actual. El crecimiento de una nueva sección de la línea del destino representará un nuevo trabajo y las circunstancias que rodean el cambio quedarán reveladas según la línea original presente una ruptura limpia o una nueva sección sobrepuesta.

Si hay una ruptura clara, con un espacio visible por encima antes de que la línea siga su curso, indica una interrupción repentina y a menudo inesperada del curso normal de la vida o del trabajo de la persona. Este tipo de marca puede indicar, por ejemplo, un despido laboral. Si nota esta característica en su propia línea del destino, compruebe si las manos de sus compañeros de trabajo tienen una marca similar en el mismo punto temporal, pero no olvide tener presente las discrepancias de edad. Una marca similar en la mano de varias personas puede dar lugar a la preocupación por la viabilidad del departamento o de la empresa y permitiría que se tomaran las medidas oportunas por adelantado.

Una línea rota pero que tiene una línea nueva solapada que la continúa es otra cosa completamente diferente (f). Muestra que su dueño ha hecho el cambio de forma consciente: ha aceptado un puesto nuevo, ha cambiado el rumbo, se ha tomado tiempo, ha alterado el curso. Cualquiera de estas decisiones, que son instigadas por la persona más que impuestas, quedarían marcadas de esta forma.

En pocas palabras, si su línea del destino muestra una interrupción clara, sugiere que los cambios en su vida o carrera profesional tienen su origen en influencias externas o en circunstancias que escapan a su control. Una interrupción con una nueva línea sobrepuesta revela que es la propia persona quien ha elegido hacer los cambios, los ha planificado o se ha preparado para la nueva situación.

Ramas

Las secciones de línea que se elevan como ramas de la línea del destino (ver Figura 34) son marcas positivas que pueden indicar ascenso, expansión, mejores finanzas o simplemente mayor satisfacción en la vida o el trabajo (a). Compruebe la dirección de la rama porque esto le dará pistas sobre su significado. Las mejoras en los negocios o las finanzas están vinculadas con una rama que acaba debajo del dedo índice. Sorprendentemente, un ascenso o un empleo lucrativo en el campo científico, médico o tecnológico también pueden quedar indicados por una rama aquí.

Una rama que se dirige a la almohadilla debajo del dedo anular muestra un incremento general de producción creativa. Un trabajo

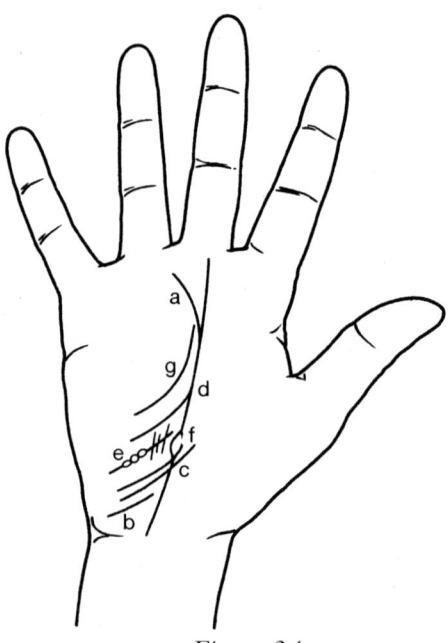

Figura 34

en las artes, por ejemplo, puede indicarse de esta forma. Pero dado que ésta también es el área asociada con la felicidad, esta marca sugeriría un brote de alegría y satisfacción en la vida personal. A no ser que haya otra línea independiente saliendo del centro de la palma en dirección a esta área, la rama de la línea del destino puede formar la línea de Apolo. Esta peculiaridad aparece descrita con más detalle en la página 76.

Las ramas que se dirigen al monte debajo del dedo medio son bastante improbables, ya que la propia línea del destino generalmente acaba allí.

Una rama que sale disparada hacia el monte debajo del dedo índice es un indicador muy positivo del éxito.

Todos estos hechos pueden ubicarse en el tiempo y se les puede asignar una fecha en la lína del destino a partir del punto en el que la rama se separa de la línea principal.

Líneas de las relaciones

Las ramas, al contrario que las líneas principales, raramente se dirigen hacia abajo. Si hay alguna que da esa impresión, se trata en realidad de una línea que comienza en el canto de la mano y luego asciende hasta llegar a la línea del destino y fundirse con ella. Estas líneas se conocen como líneas de las relaciones y denotan las cuestiones amorosas serias (b).

Una línea que asciende pero no llega hasta la línea del destino muestra una relación que puede ser ardiente al principio pero que no va más allá. Una línea que sube y que pasa claramente al otro lado de la línea del destino muestra una situación más seria (c). Sugiere que la relación es profunda pero que por alguna razón inesperadamente se deshace. Una boda que se anula a último momento debido a un cambio de opinión bien puede estar representada de este modo.

Una unión duradera está representada por una rama que llega hasta la línea del destino y se funde en ella (d). El punto en el que la rama toca a la línea del destino denota un compromiso sólido, matrimonio, el hecho de irse a vivir juntos o la consolidación de la unión.

Un examen cuidadoso de estas ramas revelará si la relación es armoniosa o problemática. Las líneas claras y enteras denotan una relación fuerte y sana. Las islas, barras e interrupciones revelan relaciones llenas de peleas, interferencias y mucho pesar (e). La aparición de una isla luego de la fusión de la rama con la línea del destino (f) sugiere dificultades o problemas generales de readaptación. Pero si después de la fusión sigue fuerte y recta, la línea del destino indica una ralación de éxito, beneficiosa y satisfactoria.

Una señal poco frecuente pero espléndida de una relación feliz es una rama que sale del canto de la mano y asciende hacia la línea del destino, aunque sin llegar a tocarla pero discurriendo en paralelo, con lo que la refleja en toda su extensión (g). Las personas afortunadas que tienen una marca así se sienten almas gemelas con su pareja.

Terminaciones

Lo ideal es que la línea del destino acabe en la almohadilla debajo del dedo medio, pero en realidad puede acabar en distintos lugares, dependiendo del tipo de vida que la persona busca para sí misma (ver Figura 35). Así que si alguna vez se pregunta qué es lo que le deparará el destino, si será rico, feliz, famoso o se sentirá satisfecho, puede formarse una idea de la respuesta examinando el punto final de esta línea.

Si la línea termina en la línea de la cabeza, sugiere que un error de juicio va en detrimento de la carrera de su poseedor (a). Si vuelve a comenzar un poco más arriba, lo más probable es que indique que la persona ha comenzado de nuevo, tal vez una actividad diferente o un nuevo estilo de vida.

Si la línea del destino termina al llegar a la línea del corazón, sugiere que una decisión emocional ha tenido un impacto negativo en la carrera de la persona y en su trabajo. De todos modos, hay que buscar si la línea sigue en algún otro lado, como señal de que la persona ha vuelto a empezar.

En algunos casos, la línea se tuerce visiblemente hacia uno u otro lado del monte medio. Aquí se puede hacer una interpretación similar

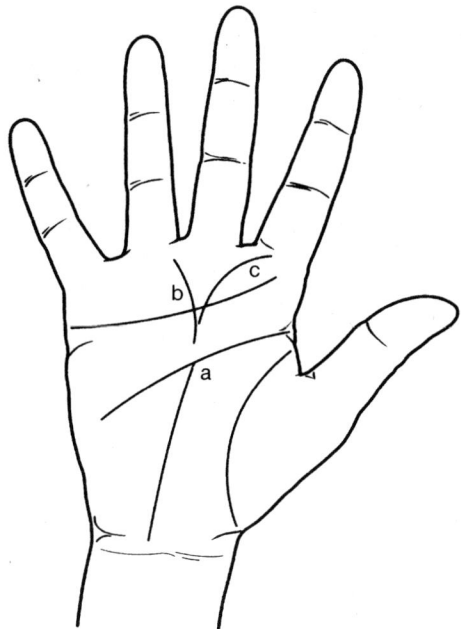

Figura 35

a la de las ramas de la línea del destino que se dirigen hacia estas áreas. Esto quiere decir que si la línea del destino se tuerce para ir a terminar debajo del dedo anular, significa que la carrera de la persona estará dedicada a objetivos creativos o artísticos (b), y si se dirige hacia el lado opuesto, para terminar debajo del dedo índice, sugiere que todas las ambiciones que la persona pueda tener se cumplirán con éxito (c).

10

La línea del sol.
Indicadores de felicidad, fortuna y fama

L<small>A QUINTA LÍNEA DE LA PALMA DE LA MANO</small> tiene un nombre muy adecuado porque representa el resplandor de la satisfacción que nos dan los logros alcanzados en nuestra vida. Se conoce también como la línea de Apolo, llamada así por el dios romano cuya responsabilidad era conducir al sol en su carruaje dorado por todos los cielos, llevando luz y calor a la Tierra que estaba debajo.

Al igual que la línea del destino, la línea del sol transcurre de forma vertical en la palma, pero puede no estar en todas las manos y casi nunca

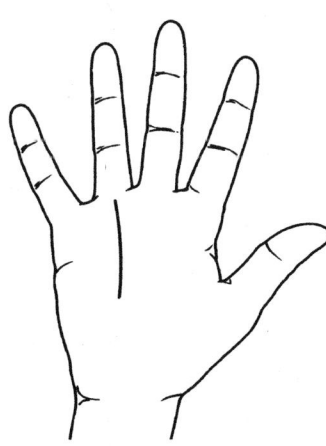

Figura 36

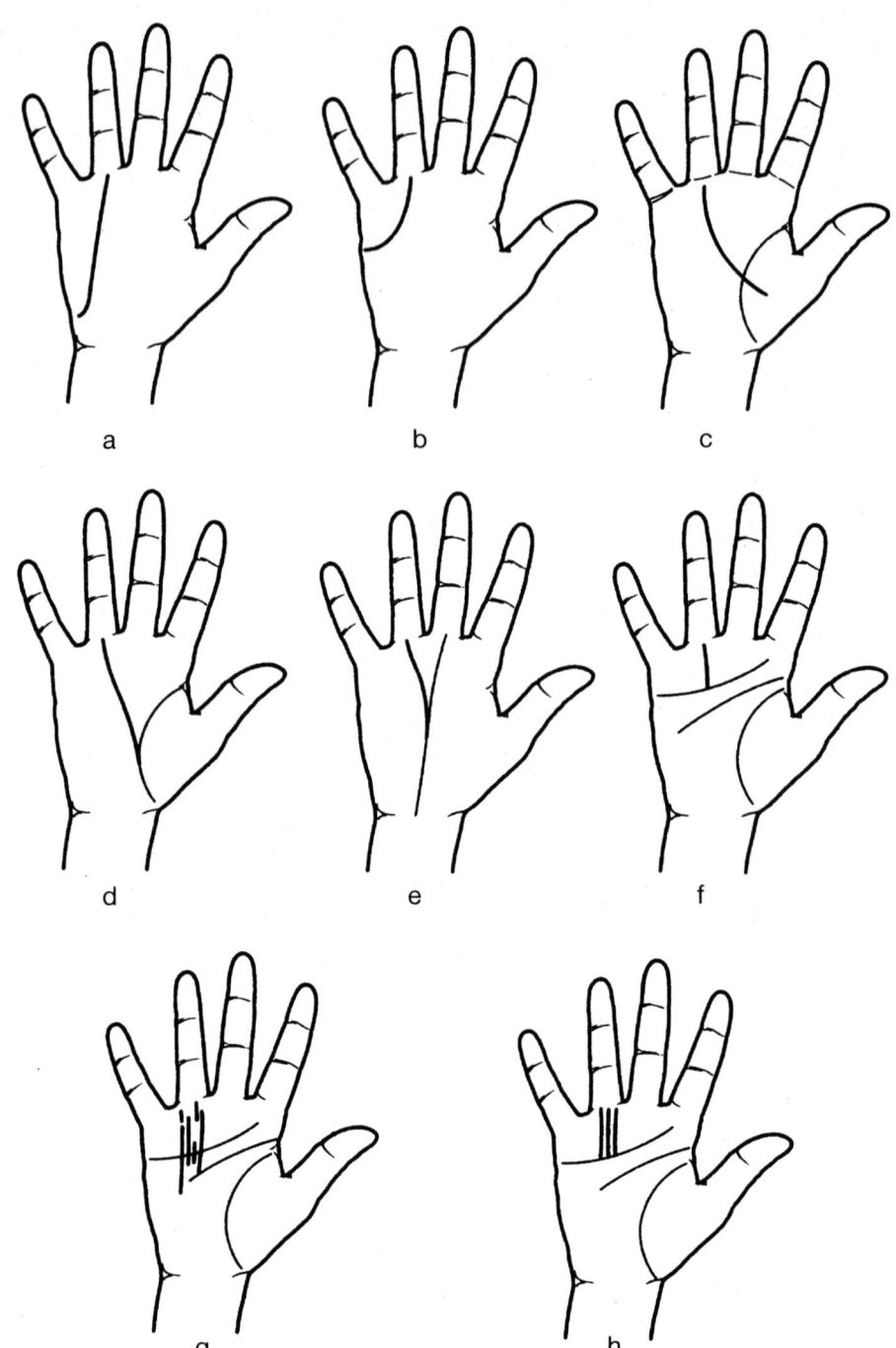

Figura 37

está entera. Un ejemplo realmente extraordinario sería una línea que ascendiera desde la muñeca hasta la almohadilla debajo del dedo anular (ver Figura 36), pero se da muy pocas veces. Es más frecuente su presencia como una sección corta en el monte de Apolo por encima de la línea del corazón. De todos modos, puede tener su origen en cualquier lugar de la palma entre estos dos extremos (ver Figura 37).

Incluso una línea del sol muy corta es mejor que la ausencia de ella, porque su presencia sugiere una sensación de realización. Esta línea se asocia con nuestros talentos creativos, con habilidades artísticas, con una disposición abierta, alegre y optimista y también con la buena suerte. Es la señal de nuestro éxito y cuando está muy bien definida puede significar fama.

Las formas diferentes de la línea del sol

La forma extremadamente inusual que muestra la Figura 36 sólo aparece en la mano de un niño prodigio, un actor, deportista o estrella del pop que llega a la fama muy pronto y la mantiene a lo largo de su carrera. Una variación de este tema es la línea del sol que comienza en el monte de la Luna (a). Aquí, el éxito depende del reconocimiento del público, como el que puede conseguir un futbolista o una personalidad televisiva muy conocida.

Si la línea comienza más arriba y arranca del monte de Marte negativo (b), sugiere que el éxito llega un poco más tarde en la vida y generalmente después de mucho esfuerzo y trabajo. De hecho, cuanto más arriba de la palma comience la línea del sol, más tendrá que esperar su dueño antes de sentirse realizado por los resultados de su esfuerzo.

Una línea del sol que arranca del monte de Venus (c) es señal de que la persona ha construido una vida de éxito con apoyo financiero de la familia. Hacerse cargo del negocio familiar, por ejemplo, puede justificar la presencia de este tipo de marca.

Cuando la línea del sol sale de la línea de la vida (d) indica que hay respaldo, pero no de la familia, sino de mentores u otras personas en posiciones de influencia y poder. De todos modos, una persona con esta marca disfrutará del fruto de sus logros alcanzados a través de su esfuerzo.

Si la línea del sol emerge de la línea del destino (e), muestra que la realización creativa proviene de la satisfacción con el puesto de trabajo. El punto en el que comienza esta realización puede ubicarse en el tiempo contrastándolo con la línea del destino.

La línea del sol más común es la que comienza por encima de la línea del corazón (f). Indica que la verdadera felicidad interior llega en el último tramo de la vida de la persona, posiblemente como resultado de sus actividades a lo largo de sus años de retiro.

Un conjunto de línea del sol (g) es señal de una persona con múltiples talentos. Se trata de una persona versátil desde el punto de vista creativo, que disfruta de la variedad y diversidad que resultan de una amplia gama de logros alcanzados.

Tres líneas paralelas bien definidad en el monte de Apolo (h) se consideran afortunadas, especialmente si se trata de dinero. No significa necesariamente que quien las tenga se volverá fabulosamente rico, sino simplemente que el dinero aparece por un lado u otro cuando hace falta.

La ausencia de línea no implica pobreza ni falta de talento, pero sí sugiere que la persona no encuentra satisfacción en la vida, o que no tiene la capacidad de darse cuenta de su buena suerte.

Marcas en la línea

Ya sean positivas o negativas, las marcas en nuestra línea del sol representan las influencias que afectan a nuestra reputación o que aumentan o disminuyen nuestra capacidad de disfrutar de los frutos de nuestra expresión creativa. Las marcas serán parecidas a las que aparecen en otras líneas principales.

Las barras que cruzan la línea del sol sugieren obstáculos temporales o desilusiones en el camino hacia el éxito (a). Aparte de estas circunstancias adversas, cualquiera de estas marcas puede representar a un crítico o enemigo personal que socava el prestigio de la persona o trabaja en contra de ella.

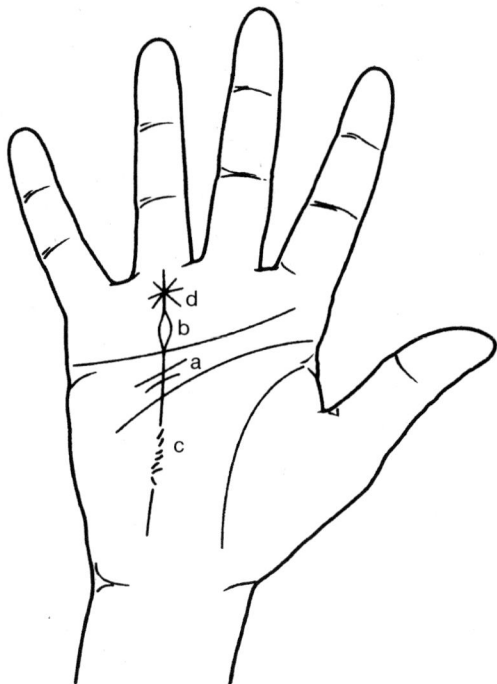

Figura 38

De todas estas marcas, la isla tal vez sea la más desventajosa y la que va más en detrimento de la persona (b). Simboliza un período de desencanto y la pérdida de la paz mental; la razón se encontrará en otras líneas y puede estar relacionada con preocupaciones monetarias, problemas de relación o falta de prestigio. La quiromancia tradicional defendía que una isla en esta línea era la señal del escándalo, algo que todavía puede aplicarse, aunque en nuestro mundo moderno se trate más de una pérdida de reputación o de tener mala prensa.

Las rupturas de la línea o secciones que son delgadas o muy pobres sugieren obstáculos temporales o cambios de algún tipo (c). El fin de un empeño y el comienzo de otro que requiera el desarrollo de nuevas habilidades y talentos puede aparecer marcado de esta forma en la mano.

Aunque una estrella en cualquiera de las otras líneas principales se considera una señal muy negativa, aquí se considera una marca positivamente triunfal (d). Una estrella donde acaba la línea del sol resulta especialmente auspiciosa y sugiere que la carrera de la persona acaba en una aureola de gloria. En cualquier otro lugar de la línea, una marca en forma de estrella puede significar un golpe de suerte, un logro especial, la recepción de honores, espaldarazos y premios, un éxito repentino o incluso una ganancia inesperada.

Todas estas marcas se pueden ubicar en el tiempo y, en el caso de una isla, su longitud indicará la duración que tendrá la dificultad. Recuerde, sin embargo, que al igual que sucede con todas las líneas de la mano, al pronosticar tendencias estas marcas sólo denotan posibilidad, no el acaecimiento de hechos de forma necesaria e irrevocable.

El tiempo en la línea del sol

Hay que seguir el mismo procedimiento usado para marcar el tiempo en la línea del destino. De hecho, si está trabajando con una impresión y ya la ha marcado indicando los distintos períodos temporales en la línea del destino, bastará con transferir las medidas hasta alcanzar la línea del sol. La Figura 39 ilustra cómo marcar la línea del sol con las divisiones de tiempo.

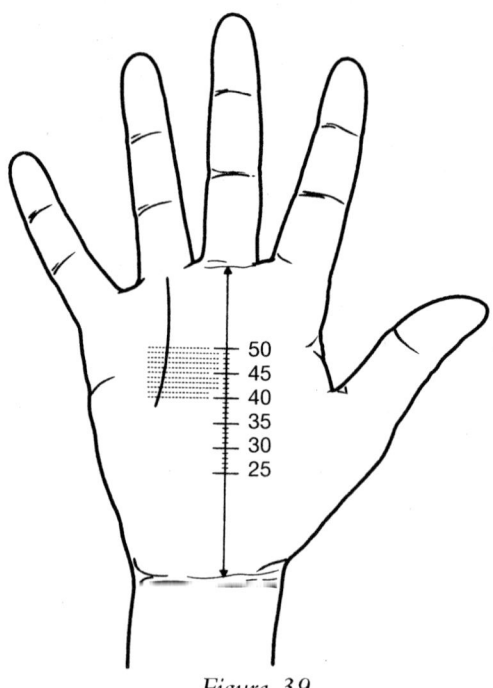

Figura 39

Si desea marcar el paso del tiempo en esta línea de forma independiente de la línea del destino, siga los mismos pasos que antes. Con una regla y un lápiz afilado, trace una línea vertical entre la rasceta superior de la muñeca y la arruga inferior que une el dedo medio con la palma. Mida la distancia y marque el centro de la línea; dicho punto corresponderá aproximadamente a treinta y cinco años de la vida de la persona. A partir de este punto y subiendo en dirección a los dedos, divida la línea en milímetros; cada uno de ellos representa alrededor de un año. Cinco milímetros hacia arriba a partir del punto medio nos llevarían, entonces, a los cuarenta años, y así sucesivamente. Haga el mismo camino a la inversa, partiendo del punto central que marca los treinta y cinco años y bajando hasta llegar al nacimiento en la muñeca.

Si hace falta ajuste la escala, estirando un poco el milímetro por año en una mano grande y comprimiendo la medida en una palma más pequeña.

Una vez marcada la línea vertical, puede transferir cualquiera de los puntos temporales simplemente extendiendo las marcas de los milímetros en una línea horizontal hasta llegar a la línea del sol. Recuerde que esta línea a veces no comienza hasta llegar a la mitad de la palma o incluso más arriba. Aun así, hay que dibujar toda la línea vertical para poder hacer los cálculos.

11

Marcas subsidiarias.
Rellenan los huecos que quedaban

Todas las manos deben tener al menos las líneas principales de la cabeza, el corazón y la vida. Casi todas tendrán también la línea del destino, entera o en parte, y algunas tendrán una sección de la línea del sol.

En el medio hay una colección de línea subsidiarias que, de forma literal y metafórica, rellenan los huecos de la palma (ver Figura 40). De todos modos, no hay que esperar encontrarse con la colección completa en cada mano que se lea. Si todas las líneas subsidiarias estuvieran presentes a la vez, la palma se vería aglomerada. Las rascetas o pulseras son una característica común, pero otras marcas, como por ejemplo el anillo de Saturno, son tan raras que tal vez nunca se encuentre usted con una.

De todos modos, aunque una mano tenga una o una docena de estas líneas subsidiarias, cada una de ellas es fascinante por derecho propio y añade interés y definición al carácter y personalidad en su totalidad.

Las rascetas

Son las arrugas que aparecen en la muñeca y que marcan la frontera entre la mano y el brazo (a).

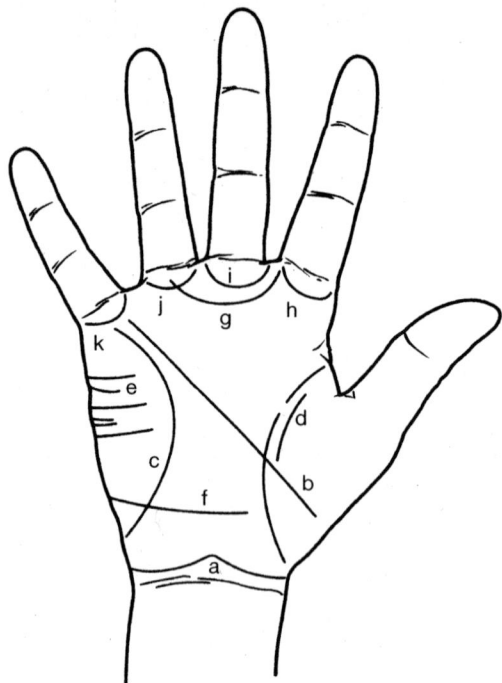

Figura 40

La quiromancia tradicional relacionaba estas líneas con la longevidad, manteniendo que tres rascetas fuertes, bien construidas y enteras son señal de larga vida. Aunque tal vez haya algo de verdad en esta observación, los quirománticos de hoy ven una conexión diferente. Todavía se asocia con la salud y especialmente la de las mujeres. Hoy en día se está de acuerdo, en general y como ya se ha mencionado, con que una rasceta superior en la mano de una mujer que se arquea visiblemente hacia la palma sugiere una predisposición a problemas ginecológicos.

La línea de Mercurio

En lo que respecta a la línea de Mercurio, tal vez sea mejor no tenerla (b), porque su presencia implica al menos una tendencia a la hipocondría, cuando no a la mala salud.

Es una línea bastante confusa porque tiende a originarse en distintas áreas de la palma. Puede comenzar en el monte de Venus y cruzar la línea de la vida, o puede comenzar en la propia línea de la vida. A veces comienza en el monte de la Luna o incluso en el centro de la palma. Cualquiera que sea su origen, generalmente asciende de forma oblicua en dirección al dedo meñique y acaba en el monte de Mercurio o justo debajo de él.

Si existe, una línea fuerte y sólida es mejor que una línea quebrada, torcida o mal formada, porque al menos indica una sensación de robustez. Cuanto más débil sea la línea, más sensible será la persona a los problemas de salud. Las personas que tienen una línea de Mercurio así se pueden calificar de mártires de su sistema nervioso.

La presencia de la línea de Mercurio en una mano, con independencia de dónde comienza e incluso de su condición, sugiere que quien la tiene necesita cuidar su salud. A todos nos va bien hacer ejercicio y descansar lo suficiente, así como tener cuidado con la dieta y la nutrición, pero los que tienen una línea de Mercurio prominente, más todavía.

La línea de Mercurio puede causar perplejidad porque no sólo representa aspectos relacionados con la salud sino que a veces también da pistas sobre nuestro potencial de negocios. Si usted tiene una línea así y cree que su constitución es de hierro, y al mismo tiempo lleva una empresa multimillonaria en Internet, lo más probable es que la línea de Mercurio de su mano represente no a su salud, sino a su acumen empresarial.

No está muy claro por qué esta línea es un indicador tanto de la salud como de la agudeza en los negocios, por lo que se beneficiaría de una investigación más profunda. Por el momento, es mejor mantener la mente abierta al estudiar la línea de Mercurio y valorar su significado de acuerdo con la situación de la persona y sus circunstancias individuales.

El arco de la intuición

Señal que se da pocas veces, especialmente en su forma completa, el arco de la intuicion es una línea semicircular que comienza en el monte de la Luna, forma un arco hacia el centro de la palma y acaba en el monte de Mercurio debajo del dedo meñique (c).

Un ejemplo excepcionalmente claro es inusual, pero cualquier fragmento de una línea curva en esta zona de la palma normalmente formaría parte de esta marca. Su nombre describe su significado, y cuanto mejor formada esté la línea, más fuerte será el poder de intuición.

En esencia, el arco de la intuición vincula la parte instintiva más profunda de la psique, representada por el monte de la Luna, con las facultades mentales lingüísticas y de comunicación simbolizadas por el monte de Mercurio. Como tal, cuando esta línea está presente en una mano revela que su propietario está en contacto con sus procesos subconscientes y tiende por lo tanto a tener mayor comprensión, empatía y una percepción más aguda que los demás.

La línea de Marte

Es muy útil tener esta línea, que cuando está presente, es paralela a la línea de la vida del lado del pulgar de esa línea principal (d). A veces se le considera una línea «hermana» de la línea de la vida; puede aparecer en secciones cortas o como una línea completa reflejo de la línea principal.

Cualquiera que sea su presencia, la línea de Marte actúa como protectora de la vida y la salud de la persona, acumulando defensas físicas y aumentando la vitalidad a lo largo de toda su duración. Es una línea especialmente valiosa cuando actúa como respaldo de una sección de la línea de la vida irregular, quebrada o adversamente marcada de alguna forma. Esto sugiere que aunque la salud sea vulnerable, la protección secundaria ofrecida por la línea de Marte asegurará una rápida recuperación.

Líneas de viaje

Examine cuidadosamente el canto de la mano en busca de una serie de cortas líneas horizontales que representan los viajes y movimientos en su vida (e). Cuantas más tenga, más inquieto y viajero será. Las líneas más largas o más profundas significan viajes importantes o que implican grandes distancias, mientras que las líneas más cortas sugieren viajes más cercanos a lugar de residencia.

La línea de la alergia

Si usted es sensible a determinados alimentos, tal vez tenga una marca de alergia en la mano. Busque una línea horizontal larga que arranca desde el canto de la mano más o menos a una cuarta parte del camino y que se extiende hasta tocar la línea de la mano o acabar casi tocándola (f).

Si tiene esta línea claramente marcada en la mano, vigile su dieta y controle sus reacciones a alergenos conocidos tales como los productos lácteos, el trigo, el alcohol y algunos componentes químicos.

En los textos antiguos de quiromancia, esta línea se conocía con el nombre de vía lascivia y se creía que indicaba un comportamiento libertino y lleno de excesos. Dado lo que conocemos hoy en día sobre alimentación y nutrición, y el hecho de que con frecuencia somos adictos a la propia sustancia a la que somos alérgicos, la noción de «excesos» quedaría explicada en términos modernos.

La faja de venus

Esta es otra línea que ha tenido mala prensa en el pasado. Aparece en la parte superior de la palma en forma de semicírculo (g). Comienza en la membrana entre el índice y el dedo medio, rodea los dos montes centrales de Saturno y Apolo y acaba en la membrana entre el dedo anular y el meñique. Aunque es raro encontrarla en su forma completa, puede estar presente en secciones o pequeños fragmentos. Generalmente se considera que es mejor no tener esta línea, o al menos tenerla presente sólo en parte.

Como la vía lascivia, la faja de Venus está conectada con los excesos y en el pasado se decía que indicaba sensualidad y lujuria sin control. En la actualidad, interpretamos la línea completa como señal de sensibilidad emocional extrema y una excitación nerviosa destacada. Cuanto más definida esté la señal, mayor será la tendencia a exagerar emocionalmente o a sufrir de tensión nerviosa.

Si aparece fragmentada, en cambio, sugiere un mayor control de las emociones. En esta forma, también, la sensibilidad puede ir dirigida hacia las artes, haciendo aflorar el talento creativo, la apreciación de la belleza y la capacidad de respuesta ante los demás que tiene la persona con una línea así.

Los anillos

Incluso más raros que la faja de Venus son los anillos semicirculares que se pueden encontrar rodeando la base de cada uno de los cuatro dedos. De todos ellos, el anillo de Salomón debajo del dedo índice es el que aparece con más frecuencia, mientras que los anillos de Apolo y Mercurio, debajo del dedo anular y del dedo meñique respectivamente, son extremadamente poco frecuentes.

El anillo de Salomón

Observe la parte superior de la palma por debajo del índice para encontrar esta marca, que puede presentarse en forma semicircular o a veces como una línea oblicua (h). Es señal de sabiduría, y si usted tiene la suerte de contar con ella, se puede decir que es una persona con gran capacidad de comprensión y verdadera visión psicológica.

El anillo de Saturno

Esta marca tiene la forma de semicírculo por debajo del dedo medio y sugiere una actitud triste, cínica o melancólica ante la vida (i). Es la señal típica del «aguafiestas», alguien que con su actitud descorazona a todos los demás. Como tal, realmente es mucho mejor que esta línea no esté presente, porque incluso tener rastros de ella implica que su poseedor esté siempre esperando lo peor. Por suerte, una forma de pensar positiva puede ayudar a la persona a tener una actitud más alegre ante la vida. Si esto se logra, el anillo de Saturno puede realmente romperse y desaparecer.

El anillo de Apolo

Con apariencia de correa alrededor de la base del tercer dedo, el anillo de Apolo es excepcionalmente raro y mejor así, dado que su presencia sugiere un bloqueo de la alegría espontánea y el optimismo (j). Recuerde que ésta es la zona de la mano que representa el talento creativo y nuestras sensaciones de profunda satisfacción. Un anillo aquí se considera una barrera que impide o frustra cualquier satisfacción que pudiéramos obtener de nuestro trabajo o nuestras vidas, y también que detiene nuestra expresión creativa. Igual que con el anillo de Saturno, tener una actitud más positiva ante la vida, el arte y la cultura en general puede servir para que esta marca desaparezca.

El anillo de Mercurio

En los pocos casos en que se da se trata de una línea que rodea la base del dedo meñique (k). Básicamente, el anillo de Mercurio actúa como una mordaza, dificultando la expresión e inhibiendo la confianza de la persona en sus habilidades verbales y su capacidad de comunicarse de forma clara e inteligente con los demás. Una vez más, los pasos positivos que se den para mejorar el poder de expresión mediante terapia o estudio pueden aliviar el problema y hacer desaparecer la marca.

12

El valor
de las huellas palmares

Tomar huellas palmares puede resultar una tarea complicada, sucia y que requiere mucho tiempo, pero hay muchas buenas razones que justifican la molestia. Para empezar, trabajar con una impronta palmar es mucho más fácil que trabajar con una mano en vivo, ya que permite más tranquilidad para considerar las observaciones y facilita la realización de marcas para medir el tiempo. Además, las líneas muy delgadas se ven con mayor claridad y se pueden analizar las huellas de manos diferentes al mismo tiempo poniendo una al costado de la otra, comparando y contrastando sus diversas características. Las huellas palmares proporcionan una valiosa base de datos a partir de la que se pueden compilar hechos y estadísticas, y por supuesto, también registran el crecimiento y los desarrollos ocurridos a lo largo de los años.

Por esta última razón ya merece la pena tomar regularmente las huellas palmares de los miembros de la familia, al menos una vez al año, pongamos para Navidad o en los cumpleaños. Esto le permitirá detectar al instante cualquier cambio reciente, y si hace falta, realizar o aconsejar acciones preventivas.

Una fotocopia de la mano, especialmente si está hecha en una fotocopiadora moderna, puede proporcionar resultados pasables. No será tan buena como una impronta tomada de una mano tintada, pero en caso de emergencia puede ser un método expeditivo. De todos modos, recuerde que las fotocopias se borran con el tiempo, así que sólo son útiles a corto plazo.

Se recomienda, entonces, una buena impronta sacada de una mano tintada, y con un poco de práctica se pueden conseguir excelentes resultados. Asegúrese de usar tinta de linotipo soluble en agua, que se va con agua y jabón. La tinta especial para tomar huellas dactilares necesita disolventes especiales, así que es mejor evitarla. Necesitará un rodillo de impresor y una gruesa lámina de vidrio sobre la que extender la tinta. Si no cuenta con este equipo, su ingenio le sugerirá algunos sustitutos domésticos. Una botella de vino vacía podría servir de rodillo, por ejemplo, y la portada satinada de una revista podría sustituir al vidrio.

He aquí una lista completa de todos los materiales (y sus sustitutos) que necesitará, así como las instrucciones para tomar la huella de la mano.

Herramientas

- Tinta de linotipo soluble en agua.
- Rodillo de impresor de 10-15 mm de ancho/botella de vidrio/ rodillo de amasar envuelto en film transparente.
- Lámina gruesa de vidrio/tablero de fórmica o trozo de mármol/ revista satinada.
- Papel A4.
- Cuchillo de mesa.
- Bolígrafo/lápiz.
- Pañuelos de papel.
- Trozo de gomaespuma/cojín delgado/toalla suave doblada.

Procedimiento

1. Verter una pequeña cantidad de tinta sobre el vidrio y extenderla con el rodillo en una capa muy delgada.
2. Pasar el rodillo entintado por la palma de la mano y los dedos hasta que la superficie quede bien cubierta de tinta. Asegurarse de llegar

bien hasta la punta de los dedos, alrededor de los lados de la palma y unos 5 cm más debajo de la muñeca, para que todas las rascetas queden incluidas.

3. Colocar la gomaespuma sobre la mesa y ponerle una hoja de papel encima. Colocar la mano plana sobre el papel, en la posición más cómoda posible, y presionar suavemente.

4. Deslizar el cuchilo por debajo del papel y presionar hacia arriba en el centro de la palma para asegurarse de que cualquier zona hueca entre en contacto con el papel.

5. Con el bolígrafo dibujar cuidadosamente la silueta de la mano siguiendo todo su contorno.

Hay que hacer varias impresiones claras de cada mano y marcar cada hoja con el nombre de la persona, fecha de nacimiento, sexo, si es diestra o zurda y sobre todo, la fecha en que se ha tomado la huella. Dejar secar completamente antes de comenzar a trabajar con las huellas o de archivarlas.

13

Análisis de la mano.
La ciencia en el futuro

El ANÁLISIS DE LA MANO ha recorrido un largo camino desde sus lejanos orígenes, y sin embargo, da la impresión de haberse movido en círculo. Hasta el siglo XVI, ningún médico que se preciara trataba a un paciente sin tener una completa comprensión de la quiromancia respaldada por un título universitario y años de experiencia leyendo síntomas en una mano. Durante siglos, las comadronas han observado la palma de la mano de los recién nacidos buscando malformaciones en las líneas que indicaran anormalidades mentales o físicas, algo que no fue científicamente confirmado hasta principios del siglo XX, cuando los investigadores médidos Harold Cummings y Charles Midlo realizaron sus estudios pioneros sobre el síndrome de Down.

Lo que Cummings y Midlo pudieron establecer fue que los problemas genéticos o cromosómicos se reflejan en la mano en forma de marcas inusuales o anormales en la piel. Una de las características más frecuentes del síndrome de Down, por ejemplo, es la línea simiesca, una arruga gruesa, única, que incorpora la línea del corazón y la de la cabeza y que cruza horizontalmente la parte superior de la mano. Se trata de una marca rara en una mano normal, pero cuando hay defectos cromosómicos va acompañada de huellas dactilares atípicas, a menudo arcos sencillos con menos líneas de lo normal.

Esta investigación dio lugar a numerosos estudios que buscaban la correspondencia entre los defectos genéticos y los patrones anormales de la mano; fue el origen de los dermatoglifos, el estudio de las estrías y surcos que forman nuestras huellas dactilares y cubren toda la superficie palmar. La investigación médica de la dactiloscopia siguió a lo largo del siglo XX y estableció de manera firme la conexión entre las enfermedades congénitas y las huellas palmares fuera de lo normal.

El estudio de los aspectos médicos de las marcas de la mano fue esporádico después de esta investigación, pero a finales del siglo XX el interés se vio renovado. Fue entonces cuando saltó a los titulares de prensa un estudio que vinculaba las enfermedades del corazón con unos determinados tipos de huellas dactilares. Se descubrió que a mayor número de patrones circulares, más posibilidades tenía la persona de sufrir de alta presión arterial y otras condiciones cardiovasculares asociadas, como las embolias y los infartos.

Hasta ese momento casi todas las investigaciones científicas de los patrones o dibujos palmares se concentraban en la salud y la enfermedad, a pesar de que siglos de estudio de la mano habían creado un vasto e intricado conocimiento de aspectos relacionados con el carácter y la personalidad. De los pocos estudios que han usado una visión psicológica de la mano, tal vez los que más destacan son los realizados por la Dra. Charlotte Wolff. Trabajando entre la primera y la Segunda Guerra Mundial con pacientes mentalmente alterados, Wolff realizó muchas observaciones interesantes, pero sus experimentos han sido poco repetidos por otros investigadores que podrían corroborar sus descubrimientos.

Recientemente, nuevas investigaciones sobre las formas y marcas de la mano han despertado el interés del mundo científico. Se trata de un trabajo que comienza a arrojar una luz nueva sobre el papel que juegan las hormonas en el desarrollo fetal y sus consiguientes efectos, no sólo sobre la salud, sino también sobre determinados tipos de comportamiento.

Primero se realizó un estudio que descubrió una conexión directa entre las manos asimétricas y un número bajo de espermatozoides. Luego se demostró que el cociente de fertilidad se puede predecir midiendo las longitudes relativas de los dedos medio y anular de una persona. También se descubrió que las preferencias sexuales podían quedar reflejadas en longitudes no habituales de los dedos y por una menor presencia de estrías en las huellas dactilares, lo que sugiere que la orientación sexual no está influida tanto por la crianza, como se pensaba, como por los efectos hormonales sobre el feto durante el embarazo.

Las últimas investigaciones de esta clase muestran que la mano puede revelar nuestros dones y talentos innatos, como por ejemplo la habilidad musical. Incluso puede contener indicios sobre desórdenes como el autismo y la dislexia que hasta ahora frustraban a los expertos.

Lo que estos descubrimientos comienzan a sugerir es que, dado que la mano se desarrolla al mismo tiempo que el cerebro y otros órganos importantes, está influida por la misma mezcla hormonal en el útero y queda estampada con los «dibujos» o patrones de esa mezcla. Por ejemplo, se ha dicho que niveles más altos de testosterona en el medio de crecimiento alientan el desarrollo del hemisferio derecho del cerebro en detrimento del lado izquierdo. Dado que cada hemisferio controla funciones diferentes y se conecta con los lados opuestos del cuerpo, las discrepancias de estructura y marcas entre la mano derecha y la izquierda se pueden atribuir directamente a estas diferencias.

Comprender los dibujos de la mano, entonces, es como abrir una ventana para conocer no sólo las condiciones del feto en crecimiento, sino también los efectos que esas condiciones probablemente tendrán sobre la persona y su vida futura.

Obviamente, cuando Aristóteles escribió su tratado sobre las manos en el siglo III a.C., o cuando Hipócrates o Galeno, fundadores de la medicina moderna, observaban la palma de la mano de sus pacientes buscando señales de mala salud, no habrían explicado sus descubrimientos como resultado de «desórdenes genéticos» ni habrían declarado que las anormalidades de las marcas palmares se debían «al entorno hormonal en el útero de la madre», o incluso que un talento creativo como la habilidad musical viene predispuesto por «un nivel más alto de testosterona en la matriz». De todos modos, sí que explicaron estas condiciones en sus propios términos, reconocidos en su época y comprendidos correctamente en la actualidad a la luz de la moderna ciencia médica.

Es realmente alentador que después de tantos siglos de ridiculizarlo, finalmente la ciencia reconozca el valor de diagnóstico de la mano. Con el tiempo, esperamos, los investigadores también podrán dar validez al enfoque psicológico históricamente asociado con la quiromancia. Tal vez los científicos y los analistas de manos puedan colaborar para mejorar nuestra comprensión de la mano como entrada tangible a la mente humana.

Otras lecturas recomendadas

BRANDON-JONES, DAVID, *Practical Palmistry*, Rider, 1981.

HUTCHINSON, BERYL, *Your Life in Your Hands*, Neville Spearman, 1967.

JAQUIN, NOEL, *The Hand of Man*, Faber & Faber, 1993.

REID, LORI, *The Art of Hand Reading*, Dorling Kindersley, 1996.
—*The Elements of Handreading*, Element Books, 1994.

WEST, PETER, *Life Lines*, Quantum, 1998.
—*The Complete Illustrated Guide to Palmistry*, Element Books, 1998.